V&R unipress

Jon Mathieu

Zeit und Zeitperzeption

Historische Beiträge zur interdisziplinären Debatte

Mit 7 Abbildungen

V&R unipress

Bibliografische Information der Deutschen Nationalbibliothek
Die Deutsche Nationalbibliothek verzeichnet diese Publikation in der Deutschen
Nationalbibliografie; detaillierte bibliografische Daten sind im Internet über
https://dnb.de abrufbar.

Lektorat der Essays 3, 5 und 6: Heinz Nauer.
Umschlagabbildung: Einführung der mitteleuropäischen Zeit – Zeitungen orientieren das Publikum
(aus: Berner Heim. Sonntags-Beilage zum Berner Tagblatt und zur Bauern-Zeitung, 3.6.1894).
Druck und Bindung: CPI books GmbH, Birkstraße 10, D-25917 Leck
Printed in the EU.

Vandenhoeck & Ruprecht Verlage | www.vandenhoeck-ruprecht-verlage.com

ISBN 978-3-8471-1226-6

Inhalt

Einleitung

Funny how time slips away, heisst ein Titel des texanischen Country-Musikers Billie Walker aus dem Jahr 1961. In den Charts schaffte es der Song nicht bis in die ersten Ränge. Über zwei Dutzend mehr oder weniger anspruchsvolle Coverversionen hielten ihn aber bis heute am Leben. Der Text handelt von einer verflossenen Liebe und der wechselhaften Wahrnehmung der Zeit. Der Sänger trifft auf eine ehemalige Flamme (»Well, hello there«) und fühlt, dass diese Beziehung eine Ewigkeit her ist (»it's been a long, long time«). Wie es ihm heute gehe? Ganz gut, behauptet er. Doch auf der nächsten Zeile überkommt ihn eine andere Empfindung. Es schien ja so lange her – »but it seems now that it was only yesterday, gee, aint it funny how time slips away«.[1] *To slip away* heisst »entwischen«, »entschlüpfen«, »sich heimlich davon machen«. Der Sänger findet es zuerst »komisch« (funny) und im letzten Refrain »überraschend« (surprising), wie die Zeit unter der Hand zerrinnt.

Das vorliegende Buch handelt von diesem merkwürdigen, flüchtigen Phänomen der Zeit und ihrer unsteten Wahrnehmung. Es zielt auf Debatten in der Geschichtswissenschaft und ihren Nachbardisziplinen. Die gemessene und die erfahrene, wahrgenommene oder konzeptualisierte Zeit[2] gehören zu den Grundthemen der historischen Forschung und Darstellung. Viele halten sogar dafür, dass sie ihren inneren Kern ausmacht. Es gibt dazu, vor allem seit den 1960er Jahren, eine reiche, breit gefächerte Literatur. Dieses Buch besteht aus sechs Beiträgen, welche ausgewählte Aspekte davon zur Sprache bringen. Ich habe sie in den letzten zwanzig Jahren aus unterschiedlichen Anlässen geschrieben und teilweise in

---

1 Der sentimental anmutende Song, geschrieben von Willie Nelson, endet mit einer unsentimentalen Drohung; die Ex wird zu gegebener Zeit dafür »zahlen« müssen, ihr Versprechen ewiger Liebe gebrochen zu haben.

2 Ich orientiere mich an der Definition von *time* und *temporality*, die Vanessa Ogle vorgeschlagen hat (Ogle 2019, S. 314–315; vgl. unten Kapitel 4); für die erfahrene, wahrgenommene oder konzeptionalisierte Zeit benutze ich auch »Temporalität«; der überlieferte deutsche Parallelbegriff »Zeitlichkeit« ist nach meinem Sprachgefühl vorläufig weniger geeignet, weil stark mit »Vergänglichkeit« und »Sterblichkeit« konnotiert.

Zeitschriften veröffentlicht. Sie erörtern besonders auch die Methodik, mit der wir Entscheide über Zeitfragen treffen. Zusammen lassen sich die Beiträge als Suche nach einer geschichtswissenschaftlichen Linie, Position oder Identität lesen. Welche Wege sollen wir in diesem Feld aus welchen Gründen einschlagen? Wenn ich von Geschichte spreche, habe ich vor allem die Neuzeit vor Augen, also ungefähr die letzten fünf Jahrhunderte. Es sind die Zeitspannen, über die ich am meisten gearbeitet habe. In den Kategorien des historischen Fachs gilt dies als langfristige Geschichte. Im Vergleich zur sehr langfristigen Geschichte (*deep history* oder *big history*), wie sie gelegentlich proklamiert und praktiziert wird, ist der Zeitraum aber sehr bescheiden. Im Vordergrund meiner Arbeit standen Sachthemen, zeitliche Aspekte bildeten bloss eine unvermeidliche Hintergrundsproblematik. Es bedurfte jeweils eines bestimmten Anstosses, einer Irritation, um den Hintergrund zum Gegenstand des Nachdenkens zu machen. Ähnlich wie bei Billie Walker, dem im Augenblick der zufälligen Wiederbegegnung eine frühere Beziehung und ihre unerfüllte Zukunftserwartung bewusst werden. Im Nachhinein denke ich, dass es meistens konventionalisierte Sprach- und Theoriemuster waren, die mich in Beschlag nahmen und zur Auseinandersetzung reizten.

Das Interesse an der periodenübergreifenden Reflexion geht aus dem Titel des ersten Essays hervor: *Trendinflation und Trendselektion – für einen kritischen Umgang mit langfristiger Geschichte.* Er beginnt mit den Thesen von Reinhart Koselleck. Demnach veränderte sich im Übergang vom 18. zum 19. Jahrhundert mit dem Sprachhaushalt der gesamte Erfahrungsraum und taten sich neue Erwartungshorizonte auf. Die Zukunft wurde mit Zielkoeffizienten aufgeladen und so zur Zukunft im modernen Sinn. In der Sprache, zugleich Indikator und Faktor dieses Prozesses, erschienen zum Beispiel zahlreiche »Ismen« (Anarchismus, Antisemitismus, usw.). Auffällig an Kosellecks breit rezipierter Darstellung ist nun der Umstand, dass er diesen Wandel wie von selbst mit einem bestimmten Typ von Begriffen erklärt. Das Suffix lautet nicht mehr auf -*ismus*, sondern auf -*ung* (Demokratisierung, Verzeitlichung, usw.). Seine Beobachtungsbegriffe sind deutlich dynamischer als die beobachteten Begriffe. Der Essay skizziert den Aufstieg dieser dynamischen Theoriesprache im letzten Drittel des 20. Jahrhunderts. Er hält sich auch an die Wortbildungsforschung und stellt die Frage, wie mit einem Übermass an Prozessorientierung zu verfahren sei.

Der Beitrag wurde zu einer Zeit geschrieben, als es in Göttingen ein Max-Planck-Institut für Geschichte gab, das Internet aber noch relativ neu war und wenige Hilfsmittel für digitale Wortfrequenzabfragen zur Verfügung standen. Der zweite Essay mit dem Titel *Synthese und Indiz. Zwei Arten von Kulturgeschichte* stammt ebenfalls aus dieser Phase. Er kontrastiert ein zeitorientiertes Makromodell (Nobert Elias' Zivilisationsprozess) mit einer Mikroperspektive, wie sie seit den 1970er Jahren von diversen Gruppierungen propagiert wurde. Welches sind die Potenziale und Probleme der beiden Richtungen für eine erneuerte Kulturgeschichte? Der Essay betont den Indizienwert des Details, in dem sich eine ganze soziale Welt spiegeln kann. Er illustriert dies anhand der Tabuisierung der bürokratischen Sprache in der Frühen Neuzeit, auf die David W. Sabean aufmerksam gemacht hat, und verfolgt diese Tendenz weiter bis ins 19. Jahrhundert. Der zentrale Punkt betrifft den bewussten Bezug auf die Zeitachse, durch den die Mikroperspektive an historischer Relevanz gewinnt.

Der dritte Essay (*Temporalitäten und Transitionen in der europäischen Geschichte der Familie: rivalisierende Ansätze*) ist das Resultat von Verunsicherung. Eine vergleichende Lektüre der europäischen Überblicksgeschichten zu Familie und Verwandschaft förderte eine verwirrend inkonsistente Chronologie zutage. Von einer weithin akzeptierten Periodisierung kann vorläufig nicht die Rede sein. Wenn man es genau nimmt, scheint das Zeitspezifische im familiären Beziehungsgeflecht auch schwer fassbar zu sein. Vermag eine Theorie der Zeit hier Klarheit zu schaffen? Der US-amerikanische Soziologe Andrew Abbott hat sich einem Projekt verschrieben, das die Zeit als sozialwissenschaftliche Leitkategorie etablieren soll. *Time matters*, lautet die Devise. Durch die Entwicklung der statistischen Sequenzanalyse hat er sich gerade in der Familiensoziologie Ansehen erworben. Sein Ansatz scheint sich also für unsere experimentelle Fragestellung zu eignen. Interesse verdienen auch Abbotts interdisziplinären Strategien, denn er macht in zentralen Punkten philosophische Anleihen und benutzt Geschichte auf besondere Weise.

Der vierte Essay ist eine Art Reportage. Den Anstoss gab der Besuch einer gut besetzten Podiumsveranstaltung mit dem Titel *Is history lost in time? Reconsidering long term narratives in research and teaching.*[3] Bei allem Erkenntnisgewinn, den die Veranstaltung im Einzelnen bot, gewann man doch den Eindruck, dass sich die Geschichte auf ihrem ureigenen Gebiet nur mühsam zurechtfindet. In der praktischen historischen Arbeit treffen wir dauernd Zeitentscheide, doch kaum sollen wir unsere Methoden offenlegen, ringen wir um Worte. Eine Besinnung auf gewisse Grundparameter wäre hilfreich gewesen. Mit dem Doppelbegriff der »leeren« und der »gefüllten« Zeit arbeitet Lucian Hölscher an einer solchen theoretischen Fundierung. Im persönlichen Gespräch mit dem Spezialisten für die historische Zeitdiskussion wollte ich mehr über Hintergründe und Folgerungen seines Ansatzes in Erfahrung bringen (*Auf der Suche nach der leeren Zeit. Im Gespräch mit Lucian Hölscher*).

Der fünfte Essay betrifft ebenfalls eine Auseinandersetzung mit einem theoretischen Entwurf: *Ist die historische Zeit »heterogen« und »kontingent«? William H. Sewell Jr. neu befragt.* Von diesem US-amerikanischen Sozial- und Kulturhistoriker stammt das interdisziplinär angelegte Werk *Logics of History. Social Theory and Social Transformation* (2005), das im deutschen Sprachraum bisher

---

3 Am 5. Juni 2019 an der Universität Zürich, anlässlich der 5. Schweizerischen Geschichtstage.

wenig diskutiert wurde. Eine Diskussion lohnt sich gerade mit Blick auf temporale Fragen. Das Werk zeigt mit seltener Deutlichkeit, wie interdisziplinäre Konstellationen auf Aussagen zur Beschaffenheit der historischen Zeit durchschlagen. Sewell entwickelte im Zuge des »Cultural Turn« eine Konzeption von Temporalität, die er mit einer Reihe von Attributen belegte: schicksalshaft, kontingent, komplex, ereignisreich, heterogen. Es stellt sich die Frage, was diese Attribute wirklich abbilden und welchen Geltungsbereich sie haben können.

Die Bilanz und Ausblicke im letzten Essay tragen den Titel *Nach der Theorie*. Damit meine ich vor allem den Umstand, dass auch Theorien ihre Zeit haben und es sich lohnt, dieses Genre und seine Einzelwerke unter solchen Gesichtspunkten zu betrachten. Zeit spielt in den meisten Disziplinen eine Rolle, von der Astronomie bis zur Zellbiologie. Der systematische und synchrone Gedanke kann den diachronen Gedanken zurückdrängen, aber nicht wirklich ersetzen. Im Anschluss an William H. Sewell lässt sich fragen, welche Position die Geschichte mit ihrem temporalen *Basso continuo* in diesem vielstimmigen Chor einnehmen kann. Was hat es zum Beispiel für eine Bewandtnis mit der historischen Beschleunigung, die auch von anderen Fächern adoptiert wird? Lassen sich Reinhart Kosellecks Intuitionen interdisziplinär zur Geltung bringen? Kurz: Auf welche Weise sollen die Geschichswissenschaft und ihr Umgang mit Zeit an der fachübergreifenden Debatte teilnehmen? Die abschliessenden Punkte machen klar, wohin diese Reise den Autor geführt hat.

Die ersten vier Kapitel des Buchs bestehen aus Artikeln, die in verschiedenen Zeitschriften publiziert sind; einer davon wurde hier vom Englischen ins Deutsche übertragen. Ich danke den Verantwortlichen für die Bewilligung zum Wiederabdruck.[4] Die zwei letzten Kapitel habe ich neu geschrieben. Für die vorliegende Ausgabe wurden alle Anmerkungen in ein einheitliches Fussnoten-Format überführt und die bibliografischen Angaben in einem Literaturverzeichnis am Ende des Buchs zusammengestellt. Vereinheitlicht wurde auch die (unnummerierte) Art der Untertitelung. Wenige Nachträge, gekennzeichnet mit eckigen Klammern, weisen auf Ereignisse hin, die sich nach dem Erscheinen der jeweiligen Artikel einstellten. Ein grosser Dank geht an die Leser und Leserinnen der Manuskripte, die mich zu verschiedenen Zeitpunkten auf Fehler und Probleme aufmerksam machten, wie auch an die V&R unipress, die das Buch in angenehmer und professioneller Weise herausgab.

---

4 Trendinflation und Trendselektion – für einen kritischen Umgang mit langfristiger Geschichte, in: Geschichte und Gesellschaft 26 (2000), S. 519–534; Synthese und Indiz. Zwei Arten von Kulturgeschichte, in: Schweizerisches Archiv für Volkskunde 96 (2000), S. 1–13; Temporalities and Transitions of Family History in Europe: Competing Accounts, in: Genealogy 3/2 (June 2019), Open Access Journal [für diesen Band ins Deutsche übertragen]; Auf der Suche nach der leeren Zeit. Im Gespräch mit Lucian Hölscher, in: Traverse. Zeitschrift für Geschichte 2020/1, S. 146–153.

In einigen Online-Medien hat es sich eingebürgert, die angebotenen Texte mit einer Lesezeit zu versehen, so dass die Leute abwägen können, ob sie so-und-so-viele Minuten dafür aufwenden wollen. Das ist ein haushälterischer Umgang mit Zeit. Für dieses Buch gibt es keine Leitplanken. Jeder und jede ist auf eigenes Risiko unterwegs.

Abriß
der

Chronologie.

Erster Theil:
Allgemeine Zeitkunde,
oder
chronologische Grundlehre.

Titel zum ersten Teil von Johann Christoph Gatterer: Abriß der Chronologie, Göttingen 1777, S. 3. Die Vignetten im vorliegenden Buch stammen aus dieser Publikation; vergleiche dazu hinten Essay 4.

1. Trendinflation und Trendselektion – für einen kritischen Umgang mit langfristiger Geschichte

Einleitung

»In der deutschen und internationalen Geschichtswissenschaft gibt es im ausgehenden 20. Jahrhundert zahlreiche Kontroversen und viele ungeklärte Probleme«, liest man auf der Homepage des Max-Planck-Instituts für Geschichte in Göttingen. »Vergangenes zu verstehen und darzustellen, scheint schwieriger denn je.« Daher veranstalte das Institut die *Göttinger Gespräche zur Geschichtswissenschaft* mit dem Ziel, ein internationales und interdisziplinäres Forum zur Diskussion offener Fragen zu bieten. Eine Liste nennt die behandelten Themen, z. B. Wege zu einer neuen Kulturgeschichte (1994), Was bleibt von marxistischen Perspektiven in der Geschichtsforschung? (1995), Bilanz und Perspektiven von Gender History (1996), Mikrogeschichte – Makrogeschichte: komplementär oder inkommensurabel? (1997).[1] Kein Zweifel, eine wichtige, attraktive Veranstaltungsreihe, nur: Stimmt der zu ihrer Motivation bemühte Trend? Ist es heute tatsächlich schwieriger denn je, Geschichte zu verstehen und wiederzugeben? Sind wir, wie der Text ohne weiteres mutmaßt und unterstellt, mit Problemen beladen, während unsere Vorgänger in der Historie ein vergleichsweise sorgenfreies Dasein fristeten?

Trendbehauptungen sind aus Alltag, Politik und Wissenschaft nicht wegzudenken. Als zeitorientierte Disziplin muß sich die Geschichtswissenschaft verpflichtet fühlen, sorgfältig damit umzugehen, um der breiteren Öffentlichkeit Orientierungshilfen zu bieten und sie bei Gelegenheit zu Stringenz und Realismus in der Rede über Wandel anzuhalten. Innerdisziplinär ist die Sorgfalt um so wichtiger, als viele historische Leitbegriffe heute prozessualen Charakter haben. Seit einigen Jahrzehnten beobachten wir in der geschichtswissenschaftlichen Diskussion eine starke Vermehrung und einen statusmässigen Aufstieg von

Zuerst erschienen in: Geschichte und Gesellschaft 26/3 (2000), S. 519–534.

1 http://www.geschichte.mpg.de, am 4. 6. 1998. – Für Hinweise und hilfreiche Diskussionen danke ich Jörg Fisch, Jakob Messerli, Clà Riatsch und den Teilnehmern des Berner Symposions für Theoriefragen.

Trendbegriffen aller Art.[2] Die Idee des folgenden Versuchs besteht nun darin, diese neuen Leitbegriffe einmal nicht einzeln oder im Zwei- oder Dreigespann zu untersuchen, sondern als Ensemble. Die Untersuchung erfolgt in einem doppelten Schritt. Anhand einer bestimmten wiederkehrenden Form werden die Begriffe zuerst in ihrem zeitlichen Erscheinen und von ihrer sprachlichen Seite her betrachtet, dann stehen die theoretischen Positionsbezüge innerhalb des Begriffsensembles zur Debatte. Insgesamt zielen die Bemerkungen darauf, die Diskussion von Einzelprozessen auf das Problem der Prozeßorientierung zu lenken, dabei den eigenen historischen Standort auf reflektierte Weise einzubeziehen und so das kritisch-methodische Bewußtsein im Umgang mit langfristiger Geschichte zu schärfen.

Der Aufstieg der ung-Begriffe

Reinhart Koselleck betont immer wieder:»Für den deutschen Sprachraum läßt sich zeigen, daß seit rund 1770 eine Fülle neuer Bedeutungen alter Worte und Neuprägungen auftauchen, die mit dem Sprachhaushalt den gesamten politischen und sozialen Erfahrungsraum verändert und neue Erwartungshorizonte gesetzt haben.« Erfahrung und Erwartung traten damals laut seinen Ausführungen durch eine an zahlreichen Stellen einsetzende Beschleunigung des gesellschaftlichen Lebens in zunehmendem Maß auseinander. Durch neue Zeit- und Zielkoeffizienten gewann die Zukunft an Gewicht und an Offenheit, sie wurde zur ständigen Herausforderung, also zur Zukunft in einem modernen Sinn. Die Erwartungen, die sich in sie erstreckten, lösten sich von vielem, was bisherige Erfahrung geboten hatte. Die Sprache, zugleich Indikator und Faktor dieses Prozesses, veränderte sich zum Beispiel durch das Aufkommen bedeutungsschwerer Kollektivsingulare: *Geschichte* statt der herkömmlichen Geschichten, *Fortschritt* statt der bisherigen Fortschritte. Eine wichtige, von Koselleck zu den Bewegungsbegriffen gerechnete Gruppe von neuen Wortprägungen waren die»Ismen«, die sich nun auf vielen Ebenen – vom Schlagwort bis zum wissenschaftlichen Begriff – breitmachten. Das von ihm mitherausgegebene Lexikon der politisch-sozialen Sprache befasst sich mit einer langen Reihe solcher historischer»Grundbegriffe«: Anarchismus, Antisemitismus, Föderalismus,

---

2 Man kann sie auch als»Prozeßbegriffe« ansprechen; ich bevorzuge hier meistens»Trend«, um eine gewisse Nähe zu umgangssprachlichen Ausdrucksweisen bis hin zur Modeerscheinung und zum Trend-Setting zu bewahren und um mich nicht von vornherein in die Diskussion über Prozeß versus Struktur zu verwickeln.

Cäsarismus, Napoleonismus bis hin zu Terrorismus und Traditionalismus, zusammen gut dreißigmal -*ismus*.[3]

Interesse verdienen auch die Forschungsfragen und Forschungsbegriffe des Lexikons. In der Einleitung zum 1972 erschienenen ersten Band beschrieb Koselleck den sprachlich-sozialen Wandel und die Kriterien zu seiner Erfassung anhand von vier Thesen. Es habe sich dabei »im Sinne eines aktuellen Schlagwortes« um eine Art Demokratisierung gehandelt, bezeichnend seien sodann die Verzeitlichung der kategorialen Bedeutungsgehalte, die auftauchende Ideologisierbarkeit vieler Ausdrücke und die wachsende Chance, aber auch der zunehmende Zwang zur Politisierung. 1992, beim Rückblick auf die Arbeit im letzten Sachband, paßte Koselleck den dritten Begriff formal an die anderen an: Demokratisierung, Verzeitlichung, Ideologisierung, Politisierung. Viermal -*ung*.[4]

Es wäre wohl ganz im Sinn des Begriffshistorikers, wenn wir die zur Einheit drängende Sprachform, diese Vorliebe für ein bestimmtes Suffix, theoretisch ernst nehmen, und vieles spricht dafür, daß es sich um ein verbreitetes Phänomen unserer Zeit handelt. Als Probe aufs Exempel mag ein Vergleich der fachsprachlichen Leitbegriffe dienen, welche das Suchregister des Fischer Lexikon Geschichte in seiner ersten Ausgabe von 1961 und in der mehrfach aufgelegten aktuellen Version von 1990/97 bietet. Wie die beigegebene Tabelle zeigt, sind Wortableitungen auf -ung, die sich auf temporale Aspekte beziehen und damit mehr oder weniger klar als Trendbegriffe einordnen lassen, in der aktuellen Version weit häufiger als in der ersten Auflage (47 gegen 3 Stichwörter). Auch unter Berücksichtigung des vermehrten Gesamtbestands an Stichwörtern (der fast um den Faktor 1,7 gewachsen ist) deutet sich hier ein markanter Wandel beim konzeptionellen Umgang mit Geschichte an. Dazu vorläufig folgendes: Der Einbezug von neuen Bereichen erforderte neue begriffliche Werkzeuge. So war die Lese- und Schreibfähigkeit der Bevölkerung 1961 kein Thema, ab 1990 ging sie als *Alphabetisierung(sforschung)* in Text und Register ein. Fast wichtiger als das Erschließen von Neuland dürfte aber der neue Blick auf Bekanntes gewesen sein: Das *Christentum* drängte sich beide Male als Stichwort auf, nur spaltete sich 1990 die *Christianisierung* davon ab. Die Industrie prägte in den Augen der Lexikon-Bearbeiter von 1961 eine *Industrielle Ära*, ab 1990 erschien sie als *Industrialisierung* samt mehreren Spezifikationen. Daß die Temporalität einen Bedeutungszuwachs erlebte, läßt sich am ausgewählten Quellenbeispiel auch sonst zeigen. 1961 gab es neben den politischen Revolutionen (der amerikanischen, französischen usw.) nur die *Agrarrevolution*. Dreißig Jahre später wurde diese abgeleitete, mehr auf einen dramatischen Trend verweisende Revoluti-

---

3 Koselleck 1979, v. a. S. 107–129, 300–375 (Zitat S. 112); Geschichtliche Grundbegriffe 1972–1997.

4 Geschichtliche Grundbegriffe 1972–1997, Bd. 1, S. XVI–XVIII; Bd. 7, S. VI.

onsvariante im Register fast zur Normalform (Bildungsrevolution, Demogra-
phische Revolution, Ent/Dekolonialisierungsrevolution, Industrielle Revolution,
Medienrevolution, Preisrevolution usw.).[5]

Indexierte Trendbegriffe im Fischer Lexikon Geschichte 1961 und 1990/97

Im Register angeführte Trendbegriffe		sachverwandte
1961	1990/97	Registerbegriffe 1961

	Alphabetisierung(sforschung)	–
Aufklärung	Aufklärung	<–
	Blockbildung, ideologische	–
	Christianisierung	Christentum (auch 1990/97)
	Demokratisierung	Demokratie (auch 1990/97)
	Disziplinierung	–
	Entfeudalisierung	–
	Entklassung	–
	Ent-/Dekolonialisie-rung(srevolution)	Kolonialgeschichte
	Feudalisierung	Feudalismus (auch 1990/97)
	Frühindustrialisierung	–
	Fundamentalpolitisierung	–
	Großreichsbildung	–
	Hochindustrialisierung	Industrielle Ära
	Individualisierung	Individualitätsidee
	Industrialisierung	Industrielle Ära
	Klassenbildung(sprozeß)	Klassengesellschaft (auch 1990/97)
	Kolonisation(sbewegung)	Kolonisation
	Kommerzialisierung	–
	Konfessionalisierung	Konfessionelles Zeitalter
	Konfessionsbildung	Konfessionelles Zeitalter
	Modernisierung	–
	Modernisierungskrise	–
	Modernisierungstheorie	–
Nationalisierung	Nationsbildung	<–
	Oligarchie(bildung)	–
	Parlamentarisierung	Parlamentarismus
	Parteibildung	Partei(engeschichte) (auch 1990/97)
	Professionalisierung	–
	Protoindustrialisie-rung(sforschung)	–
	Rationalisierung	Rationales Weltverständnis
	Refeudalisierung	
	Reichsbildung	Reich(sgründung) (auch 1990/97)
	Romanisierung	–

---

5 Und ein Blick in den Lexikonstext zeigt natürlich, daß das Register von 1990/97 nicht alle modern
   anmutenden ung-Derivate ausweist, vgl. z. B. S. 372, 383, 385 (Verschriftlichung, Verfleissigung,
   Verzeitlichung).

(Fortsetzung)

Im Register angeführte Trendbegriffe 1961	1990/97	sachverwandte Registerbegriffe 1961
Säkularisierung	Säkularisierung	<-
	Sozialdisziplinierung	-
	Staatsbildung/-werdung	Staat (auch 1990/97)
	Stadtgründung/-bildung	Stadt(chroniken usw.) (auch 1990/97)
	Urbanisierung	-
	Verdorfung(sprozeß)	-
	Verfassungsbildung	Verfassung(sgeschichte) (auch 1990/97)
	Vergeschichtlichung	-
	Vergesellschaftung	Gesellschaft (auch 1990/97)
	Verrechtlichung(sprozeß)	Recht(sgeschichte) (auch 1990/97)
	Verstaatlichung	Staat (auch 1990/97)
	Verstaatung	Staat (auch 1990/97)
	Verwissenschaftlichung	Wissenschaftsorganisation

Als Trendbegriffe gelten hier Derivate mit dem Suffix -ung, bei denen Temporalitätsmerkmale durch die Handlungs- oder Vorgangsbezeichnung (nomen actionis) hervortreten und die Resultatsbezeichnung (nomen acti) zurücksteht; ausgeklammert werden also Begriffe wie *Nobilitierung, Verfassung* usw. Aufgrund verflochtener und variabler Bedeutungen ist die Abgrenzung nach dieser und anderer Seite oft nicht scharf. Vgl. Fleischer 1975, S. 168–174; Fleischer/Barz 1995, S. 174–177 (v. a. Wortbildungsgruppen 1 und 2 bzw. a und b). Quellen: Fischer Lexikon Geschichte 1961, S. 375–383 mit 556 Sach(ober)stichwörtern; Fischer Lexikon Geschichte 1990/1997[5], S. 448–457/450–459 mit 923 Sach(ober)stichwörtern.

Die Leser und Leserinnen des vorliegenden Texts verfügen wohl über genug eigene Erfahrung mit modern anmutenden Prägungen, gleichwohl seien noch ein paar Beispiele angefügt, die ich auf meinen Gängen durch die historische Literatur der letzten Jahre notiert und teilweise selber gebraucht habe: Enthabitualisierung, Entmagiisierung, Hygienisierung, Kommunalisierung, Mandatisierung (des Lebens im 16. Jahrhundert), Medikalisierung, Medizinisierung, Produktivierung (des Körpers im 19. Jahrhundert), Reagrarisierung, Spiritualisierung, Scholarisierung, Verbürgerlichung, Verfleissigung, Vergetreidung, Verhäuslichung. Inwiefern es sich bei diesen und anderen Beispielen wirklich um Neuprägungen handelt, ist allerdings oft schwer zu sagen. Ein Großteil der ung-Derivate gehört ja zum anonymen Wortbestand, nur eine Minderheit ist mehr oder weniger eng mit einem Autor verbunden und damit leichter zu datieren. Dazu gehört die *Protoindustrialisierung*, die man vor den einschlägigen englischsprachigen Arbeiten von Franklin F. Mendels aus den Jahren 1969–1972 und der anschliessenden deutschen Adaption in der Lite-

ratur nicht findet.[6] Schon die *Sozialdisziplinierung* ist schwieriger einzuordnen. Sie stieg durch die Studien von Gerhard Oestreich und die darauf bezo-
genen Ausführungen von Winfried Schulze zu einem vieldiskutierten Begriff
auf; ob der Ausdruck aber okkasionell auch früher erscheint, wäre erst noch zu
prüfen.[7] Ein solcher Fall liegt bei der *Konfessionalisierung* vor. Man schreibt sie
gewöhnlich zwei unabhängig voneinander entstandenen Arbeiten von Wolfgang Reinhard und Heinz Schilling aus dem Jahre 1981 zu. Der Kurzbegriff
sollte unter anderem die ältere *Konfessionsbildung* theoretisch profilieren (was
ein verbreitetes Phänomen sein dürfte, die -bild-ung scheint oft eine Vorstufe
zu einer gleichsam purifizierten, ambitiöseren -ier-ung zu sein). Als Ausdruck
läßt sich die Konfessionalisierung allerdings schon 1960 und sicher auch vorher
nachweisen.[8]

Dies sollte uns davor warnen, den Aufstieg der untersuchten Konstrukti-
onsweise zu überschätzen. Es gibt natürlich eine Wortschicht auf -ung, die alten
Datums ist, und den historischen Fachwortschatz und seine Entwicklung als
homogen darzustellen wäre alles andere als realistisch.[9] Was mich in der Annahme über die angedeutete Entwicklung bestärkt, sind die zahlreichen in der
Literatur verstreuten Zwischen- und Fußnotenbemerkungen, welche Vorbe-
halte dazu anmelden. Da heißt es zum Beispiel 1984, mit dem »Wortungetüm«
Verdorfung sei die Verdichtung und Vergrößerung altbesiedelter Kerne und
deren erhöhte räumliche Fixierung gemeint. Oder man bemerkt 1997, die
Verwendung von Begriffen auf -ization, einem englischen Pendant zu unserer
Formel, sei heutzutage großzügig.[10] Fast rührenden Einwänden auf der Fuß-
notenebene bin ich gerade beim deutsch-englischen Kontakt begegnet. Stephen
Menell, einer der Übersetzer von Norbert Elias, schreibt, er könne sich der
Entschuldigung des Autors für den Neologismus *sportization* nur anschließen
und die Übersetzung von *Verwissenschaftlichung* mit *scientification* sei in
seinen Augen »slightly less ugly« als die kürzere Variante *scientization*. Die
größte Mühe bereitete ihm aber die *Verhöflichung*: »In English Elias frequently

---

6 Mendels 1972, S. 241; Tilly/Tilly 1971, S. 187–188 (»Protoindustrialization« mit Hinweis auf
  Studien von Mendels); Kriedte/Medick/Schlumbohn 1977, S. 25.
7 Oestreich 1969, v. a. S. 6, 187–196 (auch »Fundamentaldisziplinierung«); Oestreich 1980, v. a.
  S. 8–9; Schulze 1987; Breuer 1986; »Disziplinierung« ist in der Literatur mindestens seit Max
  Weber geläufig, auch in Kombinationen wie rationale, ethische usw. Disziplinierung. Es
  erscheint mir daher nicht ausgeschlossen, daß »soziale Disziplinierung« oder sogar »Sozialdisziplinierung« sporadisch vor Oestreich nachzuweisen wäre.
8 Reinhard 1997, S. 39, 44; Schmidt 1997, S. 639–642; ältere Belege für »Konfessionalisierung«
  z. B. in: Wörterbuch zur Geschichte 1960, S. 273.
9 Im Vergleich zu Enzyklopädien und Lexika scheinen z. B. Wörterbücher auf einen konser-
  vativen Thesaurus angewiesen zu sein. Das Wörterbuch zur Geschichte 1995 enthält gegenüber der ersten Auflage von 1960 nur 15 neue ung-Begriffe im hier verwendeten Sinn.
10 Sablonier 1984, S. 730; Wicker 1997, S. 6.

uses the expression ›courtization‹ (as in ›the courtization of warriors‹) – to the sheer awfulness of which word I find it hard to reconcile myself, prefering to use the neologism ›curialization‹ invented by Elias's French translator. Nevertheless, with a heavy heart, I use ›courtization‹ henceforth, in order to avoid confusion in relation to the published texts.«[11]

Fachsprachliche Prägungen sind auf standardsprachliche Prägungsmuster angewiesen. Gemäß Wortbildungsforschung[12] gehört das Suffix -ung zu den produktivsten substantivbildenden Suffixen der deutschen Gegenwartssprache. Die Basis ist überwiegend verbal, die Semantik durch Ausbildung verschiedener Wortbildungsreihen gekennzeichnet. Aufgrund seiner Polysemie läßt sich ein und dasselbe Derivat vielfach verschiedenen Gruppen zuordnen. Nur ein Teil dieser Gruppen ist durch das Merkmal der Temporalität geprägt (ein anderer Teil bezieht sich auf Resultate, Gegenstände oder Kollektive wie *Regierung, Verwaltung*). Die deverbalen ung-Derivate mit temporalem Charakter zerfallen wiederum in solche, die von transitiven Verben abgeleitet sind und eine übergreifende Handlung bezeichnen *(Aufklärung)*, und in solche, die intransitiven oder reflexiven Ursprungs sind und auf einen Vorgang abheben *(Entwicklung)*. Dieser Unterschied zwischen übergreifender Handlung und Vorgang kann nicht unwichtig sein, weil die erste Variante sehr viel deutlicher die Frage nach den Handelnden, den Agenten eines Prozesses aufwirft. Reden wir etwa von Konfessionalisierung, so erscheint schon sprachlich die Figur des intentionalen Konfessionalisierers, anders als bei der neutralen, gleichsam kollektiven und passiven Konfessionsbildung.

Die Standardmuster geben freilich nur eine allgemeine Grundlage für die fachhistorische Sprache, als eine direkte Quelle der Inspiration oder Adaptation dient in vielen Fällen zweifellos die Begrifflichkeit der gesellschaftstheoretischen Disziplinen. Dank ihrer Prägnanz kommt den untersuchten Konstruktionen ja ein eigentlicher Theorieeffekt zu, und wesentlich früher als von der Historie scheinen sie von bestimmten Richtungen und Vertretern der Gesellschaftsreflexion aufgegriffen worden zu sein. Erinnert sei an Max Weber, dessen 1922 erstmals erschienenes Hauptwerk über Wirtschaft und Gesellschaft eine wahre Fundgrube für ung-Derivate darstellt. Unter V weist das Register zum Beispiel aus: Veralltäglichung, Verbeamtung, Vergemeinschaftung, Vergesellschaftung, Verinnerlichung, Versachlichung usw. bis hin zu Vollbürokratisierung und Vollsozialisierung.[13] Ein erklärter Anhänger prozessualer Begriffe mit fast prophetischen Zügen war Norbert Elias. Es sei vielleicht heute nicht leicht zu verstehen,

---

11 Menell 1989, S. 276 (Anm. 18), 282 (Anm. 8), 283–284 (Anm. 4).
12 Schippan 1992, S. 45–47, 107–120 und v. a. das Standardwerk von Fleischer 1975; neu gefasst bei Fleischer/Barz 1995.
13 Weber 1976; einige ung-Derivate, die das Sachregister ausweist, gehen allerdings nicht auf das Konto des Autors, sondern auf dasjenige der späteren Registerbearbeiter.

bemerkte er 1939 in seiner Untersuchung über den Prozeß der Zivilisation, daß sich die Ordnung geschichtlicher Wandlungen nicht aus etwas Unwandelbarem und Isolierbarem erklären lasse. »Wenn man nach den gesellschaftlichen Prozessen fragt, dann muß man unmittelbar im Geflecht der menschlichen Beziehungen, in der Gesellschaft selbst die Zwänge suchen, die sie in Bewegung halten, und die ihr jeweils diese bestimmte Gestalt und diese bestimmte Richtung geben. Das gilt von dem Prozeß der Feudalisierung oder auch von dem Prozeß der zunehmenden Arbeitsteilung, es gilt von zahllosen, anderen Einzelprozessen, die in unserer Begriffsapparatur nur durch Worte ohne Prozeßcharakter, durch Hervorhebung bestimmter, im Prozeß gebildeter Institutionen, durch Begriffe, wie ›Absolutismus‹, ›Kapitalismus‹, ›Naturalwirtschaft‹, ›Geldwirtschaft‹ und ähnliche repräsentiert werden.«[14] Demzufolge griff Elias früh und später immer öfter auf ung-Formeln zurück. Sogar die Zivilisation, obwohl ausdrücklich als Prozeß bezeichnet, verwandelte sich mehr und mehr in eine Zivilisierung. (Bei Konkurrenz von -ation und -ung tendiert die erste Variante im Deutschen zur Resultatsbezeichnung, *Klassifikation* ist zum Beispiel das Ergebnis der *Klassifizierung*.)

Reinhart Koselleck bezeichnet, wie eingangs erwähnt, die neuen Ismen des 18. und 19. Jahrhunderts als Bewegungsbegriffe, die ihm eine Beschleunigung der historischen Zeit anzeigen. Es fällt allerdings auf, daß er dabei einen hohen Erklärungsbedarf hat. Um seine These zu belegen, muß er Ausdrücke wie *Demokratismus* oder *Republikanismus* im zeitgenössischen Wortfeld und in der langfristigen Geschichte von *Demokratie* bzw. *Republik* ansiedeln. Erst auf dieser Grundlage kann er – meines Erachtens zu Recht – behaupten, das neue Suffix habe dem alten Zustandsbegriff eine politisch-moralische Zielbestimmung gegeben.[15] Sprachlich besteht sein Argumentationsproblem darin, daß die ismus-Konstruktion auf der Basis von Substantiven oder Adjektiven erfolgt, also eine »Entität« oder »Eigenschaft« konnotiert, nicht einen »Prozeß« wie bei deverbalen Ableitungen. In semantischen Umschreibungen der Konstruktionsform anhand von Wortinventaren stehen temporale Bezüge denn auch nicht im Vordergrund. Wörter auf -ismus, so sagen die Linguisten, bezeichnen politische, ökonomische, philosophische und religiöse Theorien, Systeme, Richtungen, Bewegungen (im Sinn von Kollektiven, also von Anhängern einer Lehre), künstlerische und literarische Strömungen (ebenfalls im Sinn von Kollektiven), stilistische Eigentümlichkeiten usw. Die Betonung liegt häufig auf dem Aspekt des Gesamtheitlichen.[16] Im Vergleich dazu haben die ung-Begriffe, welche die Zeitlichkeit des

---

14 Elias 1939, Bd. 2, S. 39–40.
15 Koselleck 1979, v. a. S. 339–348, 372–374.
16 Werner 1980; auch bei Koselleck 1979 enthält die Bezeichnung als Bewegungsbegriff eine Ordnungskomponente, vgl. z. B. S. 373–375.

Verbs ins Substantiv einlagern, von vornherein einen dynamischen Charakter. Dies kann uns – ich werde darauf zurückkommen – einiges über den historischen Ort von Beschleunigungsphänomenen mitteilen.

Prozeßorientierung und methodisches Bewußtsein

Seit einigen Jahrzehnten beobachten wir in der geschichtswissenschaftlichen Diskussion also eine starke Vermehrung und einen statusmäßigen Aufstieg von Trendbegriffen aller Art. Zusammengenommen bilden sie mittlerweile ein stattliches Ensemble. Gibt es eine Ordnung in diesem Ensemble? Was berechtigt uns etwa im Falle der Zivilisierung oder der Beschleunigung von übergeordneten »Makrotrends« zu sprechen, in anderen Fällen von untergeordneten »Mikrotrends«? Die Sache ist verwickelter, als man zunächst meinen könnte, und sie soll uns auch nicht im einzelnen beschäftigen, denn statt historische werden wir historiographische Indikatoren zu Rate ziehen. Die Ordnung oder besser: der Kampf um die Ordnung im Trendensemble ergibt sich so durch die Positionsbezüge der Autoren und Autorinnen. Dieses Netz von Positionsbezügen erstreckt sich nicht über das ganze Feld der ung-Begriffe. Nach meiner Erfahrung werden einige Trends in der Literatur selten bis nie miteinander in Beziehung gesetzt, sie bleiben auf dieser Ebene isoliert. Hier geht es im ersten Durchgang nur um die Kontaktzonen, das heißt um die Bereiche, wo theoretische Prioritäten gesetzt oder bestritten, Begriffsallianzen ausgehandelt oder aufgekündigt werden.

Rationalisierung, Zivilisierung, Sozial-Disziplinierung werden in der Literatur häufig aufeinander bezogen und erscheinen in auffällig vielen Arrangements, was zweifellos mit dem symbolischen Wert der damit verbunden Werke und Namen zusammenhängt (Weber, Elias, Oestreich). Der hohe Wert animiert die Diskussion und valorisiert auch die Arrangements. Jedenfalls findet man, ohne lange suchen zu müssen: Ansätze, welche die Rationalisierung als abgeleitete Teilerscheinung der Zivilisierung darstellen;[17] Ansätze, welche die zwei Begriffe gleichberechtigt nebeneinanderstellen und als Ergänzung oder auch als gegenseitiges Korrektiv auffassen;[18] Ansätze, welche die Rationalisierung ins Zentrum stellen und gegen die Zivilisierung wenden.[19] Ähnlich vielfältig die Disziplinierungs-Kombinationen: Ist die Disziplinierung eine Begleiterscheinung der Ra-

---

17 Das ist die klassische Position der Prozeß-Soziologie in der Elias-Nachfolge. Ich zitiere im folgenden Einzelbelege aus einer umfangreichen, disziplinenübergreifenden, aber immer auch geschichtsbezogenen Literatur.
18 Bogner 1989, v. a. S. 186–197; Breuer 1996.
19 Weber 1996, S. 372–374; noch anders Weber 1995.

tionalisierung oder ein übergeordneter Fundamentalprozeß?[20] Kann man Disziplinierung und Zivilisierung als Quasi-Synonyme verwenden oder muß man sie umgekehrt auseinanderhalten?[21] Schließlich, aber nicht zuletzt sind jene Ansätze zu nennen, die alle drei Konzepte auf einer Ebene gruppieren, um sie als neutrale bis positive Referenzen anzuführen oder um sich davon zu distanzieren und ihnen gemeinsam etwa Teleologie und Präsentismus vorzuhalten.[22]

Die »Objektivierung des objektivierenden Subjekts« (P. Bourdieu) ist ein wichtiges, schwieriges Geschäft. Eine vertiefte Untersuchung sollte danach fragen, inwieweit die Positionsbezüge in diesem binären bzw. triadischen Begriffssystem mit bestimmten Positionen in den wissenschaftlichen und außerwissenschaftlichen Feldern korrelieren. Im Vergleich zu Studien über einzelne intellektuelle Schulen müßte eine solche Untersuchung ein Vielfaches an Sammlungs- und Oppositionsbewegungen berücksichtigen und würde wohl – angesichts der verzweigten Rezeption der Konzepte – fast den Charakter einer Sozialgeschichte der (historischen) Sozialwissenschaft im 20. Jahrhundert annehmen.

Besonders schwierig ist die Objektivierungsarbeit, wenn es um die eigene Biographie geht. Wolfgang Reinhard hat kürzlich in einem Artikel die Gruppe *Sozialdisziplinierung, Konfessionalisierung, Modernisierung* Revue passieren lassen, an deren Konstruktion er maßgeblich beteiligt war.[23] Diese Fachausdrücke, so Reinhard, übten in den letzten Jahrzehnten einen beträchtlichen Einfluß auf das Verständnis der frühneuzeitlichen Geschichte Europas aus. »Dabei ist wesentlich, daß die drei Begriffe oder Konzepte nicht einfach aufgezählt und unzusammenhängend nacheinander abgehandelt werden, sondern, weil sie in der Historiographie je länger desto enger zusammenrücken, als zusammenhängend, möglicherweise als verschiedene Aspekte derselben Sache angesehen werden.« Der Artikel behandelt die Trias in der genannten Folge: (1) Sozialdisziplinierung ist der umfassendste Begriff, von Oestreich als Ersatzkonzept für »Absolutismus« eingeführt; dieser lehnt sich an Webers Rationalisierung an, reklamiert Sozialdisziplinierung aber als allgemeiner. (2) Konfessionalisierung wird 1981 unabhängig voneinander durch Reinhard und Schilling eingeführt und konvergiert 1983 mit Sozialdisziplinierung, ohne bis heute darin aufzugehen. (3) Modernisierung ist in aller Leute Mund, aber niemand sagt, was er damit meint; Modernität braucht jedenfalls keine sehr humane Errungenschaft zu sein, auch lassen sich Modernisierungstheorien prinzipiell nicht auf die Periode vor 1800 beziehen, für jene Zeit darf man nur Modernisierungstrends ins Auge fassen. Nach dieser problembewußten Umschreibung der Einzelbegriffe kommt Reinhard zu folgender Sicht des Zusammenhangs:

---

20 Das sind die klassischen Positionen im Gefolge von Weber bzw. Oestreich; vgl. Breuer 1986, S. 46; Oestreich 1969, S. 187, 194.
21 Vogel 1997; als kritischer Nachtrag zu Bogner/Müller 1996.
22 Pfister 1996; Schmidt 1995, S. 1–2, 360–375.
23 Reinhard 1997.

»Sozialdisziplinierung *und* Konfessionalisierung modernisieren das politische System für den entstehenden modernen Staat. Und für die moderne Wirtschaft erweist sich der disziplinierte Mensch zumindest als notwendige Voraussetzung. Insofern sind Sozialdisziplinierung und Konfessionalisierung zugleich Modernisierung, aber der Schluß ist nicht umkehrbar.«[24]

Eine logisch formalisierte Beziehungsstruktur also – in der Literatur eher ungewöhnlich. Tatsächlich ist schwer einzusehen, welcher Gewinn der Forschung aus dieser rigoros vereinfachten Theoriealliance erwachsen soll, der empirische Gehalt der einzelnen Konzepte wird dadurch weder klarer noch verbindlicher. Mit dem hohen Grad der Formalität hängt möglicherweise der Umstand zusammen, daß die ung-Begriffe in der Darstellung von Reinhard eine Art Eigenleben annehmen, dem die Autoren ausgeliefert sind. Nicht etwa die Historiker (unter ihnen besonders auch Reinhard) rücken die Begriffe zu einem Geflecht zusammen. Es sind die Begriffe selber, die »in der Historiographie je länger desto enger zusammenrücken«. Sie seien nämlich Bestandteile eines einzigen Diskurses, könnten zwar auf bestimmte Autoren und Beiträge zurückgeführt werden, gehörten aber nichtsdestoweniger in den Zusammenhang eines geradezu objektiv ablaufenden Denkprozesses: »Wir denken zwar, aber gleichzeitig denkt es in uns.« Er selber, gibt Reinhard weiter zu Protokoll, habe bei der Einführung des Konfessionalisierungsbegriffs erfahren, wie sehr aufgrund dieses überpersönlichen Trends bestimmte Schlußfolgerungen in der Luft lägen.[25] Solche Äußerungen lassen sich natürlich einer doppelten Lektüre unterziehen: Man kann sie als historische Tatsache und gleichzeitig Bescheidenheitsgeste des Verfassers ansehen, oder man kann sie umgekehrt als Selbsterhöhung via retrospektiven Avantgarde-Anspruch deuten.

Die Positionsbezüge, die hier von Belang sind, beschränken sich nicht auf Rechenschaftsberichte aus dem Inneren des ung-Felds. Aufschlußreich sind gerade auch Arbeiten, welche grössere Teile des Begriffsbestands von außen her kritisieren. In einem wissenschaftspolitisch gehaltenen Aufsatz von 1997 macht Martin Dinges Vorschläge zur Annäherung von Historischer Anthropologie und Gesellschaftsgeschichte mit Blick auf eine künftige Alltagskulturgeschichte.[26] Laut Dinges gehen wichtige Annahmen der Gesellschaftsgeschichte stillschweigend in die Historische Anthropologie ein, obwohl sie quer zu deren Selbstdeutung liegen. Dazu gehören in erster Linie systemische Prozeßkategorien,

---

24 Mit der Nicht-Umkehrbarkeit meint er, daß die Modernisierung v. a. im Wirtschaftsbereich über die beiden anderen Konzepte hinausweise. Der letzte Teil des Artikels befaßt sich mit Kritiken und einer möglichen Öffnung dieser »empirisch bewährten« Konzepte in Richtung Mikrohistorie. Die im Text angesprochenen Studien von 1981 und 1983 findet man samt einem autobiographischen Vorwort in: Reinhard 1997, S. 7–10, 103–147.

25 Reinhard 1997, S. 39.

26 Dinges 1997.

denen der Verfasser kritisch gegenübersteht, weil sie von einer dominanten
Entwicklungsrichtung ausgehen, auf die die historischen Akteure überweigend
passiv reagieren statt aktiv Einfluß nehmen, und weil man mit einer angestrebten
Reduktion des Gesamtprozesses auf ein Interpretament ständig Gefahr laufe, den
zeitgenössischen Herrschaftsdiskurs historiographisch zu verdoppeln, ohne den
normativen Charakter der eigenen Begriffe zu reflektieren. Die Leitbegriffe aus
der Gesellschaftsgeschichte müßten daher revidiert und in einer Alltagskulturgeschichte gegebenenfalls in neuer Form verwendet werden. Die Mindest-
anforderungen an die Revision sind schon in der skizzierten Kritik enthalten:
Historischer Wandel ist strukturell umkehrbar, ungerichtet, nicht-teleologisch;
mit der *Zivilisierung* muß also immer auch die *Entzivilisierung* mitgedacht
werden, mit *Verrechtlichung* die *Entrechtlichung*, mit *Monetarisierung* die *Ent-
monetarisierung* usw. Der umfassende Erklärungsanspruch ist zurückzuneh-
men, die Konzepte sollen nur heuristischen Charakter haben; Behauptungen
über die Richtung historischer Prozesse dürfen Gegenläufiges nicht zur Abweichung stempeln und müssen die Ambivalenz historischer Entwicklungen in sich
tragen.[27]

Ist der Kampf zwischen den Trends demnach ein Kampf zwischen Komplizen? Nicht ganz, denn die mitgedachten Gegentrends haben ebenfalls Prozeßcharakter. An diesem äußeren Rand des Begriffsensembles spielt sich eher ein
Gefecht zwischen Suffix und Präfix ab: Eröffnet die eine Seite das Feuer mit *ung*,
so erwidert die andere Seite mit *Ent*. Der wissenschaftspolitisch zusammenfas-
sende Charakter des Aufsatzes bringt die Regelhaftigkeit nur besonders deutlich
zum Ausdruck. Unentbehrlich für Ordnungs- und Orientierungsfunktionen
innerhalb des Fachs, zeichnen sich solche Abhandlungen oft durch eine Konzentration auf präskriptive Beschreibungen zulasten der perspektivischen Be-
schreibung aus. So ist die Struktur des historischen Wandels hier eine gegebene
Tatsache, nicht eine Frage des Blickwinkels. Mir scheint diese Form der Trendskepsis aus verschiedenen Gründen übertrieben. Einer davon hat mit den »jeux
d'échelles«, dem Maßstab zu tun: Daß eine historische Entwicklung mit Gegen-
entwicklungen einhergeht, enthebt uns nicht der Aufgabe danach zu fragen,
welche dieser Bewegungen unter welchen Aspekten die umfassendere ist. Eine

---

27 Dinges 1997, S. 189–193; hier schliesst Dinges eine bemerkenswerte Fußnote an: »Ambi-
   valenzen zu akzeptieren scheint leichter bei weniger normativen Konzepten wie Medikalisierung, die sich minimal als ›Veränderung des Angebots‹ fassen lassen.« Es wäre inter-
   essant, die These am ganzen Ensemble durchzuspielen, doch ich neige zur Annahme, daß
   sich viele Begriffe minimal so verstehen lassen, die Frage der unterschiedlichen Norma-
   tivität also nicht so einfach zu klären ist.

solche Aussage muss im Prinzip nicht normativer sein als andere Aussagen, die Abweichung kann im übrigen eine ehrenhafte Position darstellen.[28]

Allmählich zeichnet sich aber auf unserem Gang durch publizierte Stellungnahmen ein konturiertes Gebilde ab. Es gibt eine Klasse deverbaler Substantive mit temporalem Charakter, von denen wir uns fast magisch angezogen fühlen. Viele Leitbegriffe der Geschichtswissenschaft sind heute mit demselben Suffix versehen. Ein Teil davon ist in diesem Feld isoliert, ein Teil wird in Kontaktzonen miteinander in Beziehung gesetzt. Diese Zonen gelten oft als Zentren der theoretischen Diskussion, werden entsprechend eingestuft, und es kommt dort gelegentlich zu durchformalisierten Beziehungsstrukturen. Der Rand des Ensembles liegt dort, wo man die ungs durch die Ents neutralisieren will, welche allerdings noch zur gleichen Begriffsklasse gehören – insgesamt eine Denk- und Ausdrucksweise, die sich in hohem Maß der Prozeßorientierung verschrieben hat, und auf dieser Ebene könnte sich der Kampf zwischen den Trends sehr wohl als Kampf zwischen Komplizen herausstellen.

Der Berner Ethnologe Hans-Rudolf Wicker hat vor kurzem unterstrichen, daß die sozialwissenschaftliche Selbstreflexion nicht bei der postmodernen Dekonstruktion klassischer Texte stehenbleiben darf, sondern auch die postmodernen Texte in die Dekonstruktion einschließen muß. In den klassischen Darstellungen hatten grundlegende Kategorien wie *Gesellschaft* oder *Kultur* oft den Charakter eines »komplexen Ganzen«, gekennzeichnet durch Kontinuität, Homogenität, Territorialität und durch eine Eigenlogik. Die postmoderne Kritik hat die darin enthaltenen essentialistischen Vorgaben aufgeschlüsselt und überzeugend dargelegt, wie die Sozialwissenschaft mit solchen Kategorien die spezifische Interessenlage und Weltanschauung mitformulierte, die in einer nationalstaatlichen Periode westlicher Geschichte vorherrschte. Auf der Ebene der wissenschaftlichen Wahrnehmung war die Kritik verbunden mit der Verlagerung von einer Konzentration auf Struktur hin zu einer Konzentration auf Prozeß. Was vorher zur menschlichen Natur oder zu einem feststehenden Gesetz gehörte, wurde zu einer Erfindung, zu einem stets neu verhandelten Konstrukt, zu etwas Dynamisch-Aktivem, immerfort Fließendem und Beweglichem. Wicker argumentiert nun, daß diese Sicht ihrerseits von Essentialismen durchzogen und so unschuldig nicht ist, sondern eine Flexibilitätsideologie ausdrückt und mitverantwortet, die vor allem im Wirtschaftsleben während einer Globalisierungsperiode das Feld beherrscht. Ohne sich deswegen in die konservative Ecke drängen zu lassen, macht er kein Hehl

---

28 Das von Dinges für die Alltagskulturgeschichte vorgeschlagene Lebensstilkonzept trägt den Stempel seiner Trendskepsis; es ist kein temporales Modell und vertraut den emischen Kategorien der historischen Akteure in einem Maß, daß es auch bereit ist, landläufige Vorurteile zu übernehmen (1997, v.a. S. 208–213).

aus seiner Skepsis gegenüber einem »new fundamentalism proclaiming salvation through process«.[29]

Meines Erachtens hat gerade die Geschichtswissenschaft allen Grund, diese Form der Skepsis zu teilen. Denn sie ist angehalten, die Zeitachse, auf der sich Prozesse abspielen, genau zu untersuchen, und wenn alles zum Prozeß wird, verlieren wir jedes Prozeßgefühl. Das erhöht die Anforderungen an das methodische Bewußtsein. Ungeachtet der sprachlichen Form, in der sie erscheinen, sollte deutlich zwischen den vorgeschlagenen Trends differenziert werden: Wie schnell? Wie verbreitet? Und zuerst: Wie sicher belegt? Die erhöhte empirische Wachsamkeit dürfte die Gefahr vermindern, daß sich schiefe oder sonst unzulängliche Trendbehauptungen (etwa nach dem Motto »ein Mal ist kein Mal, zwei Mal ist immer«) mit einer Aura von Allgemeingültigkeit umgeben können und so auf das Schachbrett der Leitbegriffe gelangen. Auf diesem Schachbrett macht es natürlich Sinn, die Begriffe nach ihren gegenseitigen Beziehungen zu befragen. Es ist aber keineswegs ausgemacht, daß das theoretische Spiel mit abnehmender Zahl der Figuren spannender und relevanter wird.

Schlußbetrachtung

Die Überlegungen führen auch zurück an den Anfang dieses Versuchs. Zur Erinnerung: Reinhart Koselleck beobachtet in seinen begriffsgeschichtlichen Arbeiten für das späte 18. und frühe 19. Jahrhundert eine Beschleunigung der geschichtlichen Zeit, dies nicht zuletzt anhand der damals aufkommenden ismus-Begriffe wie Demokratismus oder Republikanismus. Während seiner Arbeit in der zweiten Hälfte des 20. Jahrhunderts scheinen ihm ung-Begriffe wie Demokratisierung oder Verzeitlichung besonders angemessen, um das Phänomen zu beschreiben. Sprachlich sind seine beobachteten Begriffe wesentlich statischer als seine Beobachtungsbegriffe, denn die ismus-Derivate bezeichnen von ihrer Basis her Entitäten oder Eigenschaften, nicht Prozesse wie die deverbalen ung-Derivate. Können wir daraus ablesen, daß sich die gesellschaftliche Beschleunigung während der »Sattelzeit« im Vergleich zur Beschleunigung während der Folgezeit in Grenzen hielt? Eine solche Interpretation ließe sich zum Beispiel durch Indizien stützen, die Koselleck selber gerne anführt. Die Menge der Ismen, die schon um 1900 im deutschen Sprachraum zirkulierten, scheint gegenüber früher stark angeschwollen zu sein, und Henry Adams, der offenbar

---

29 Wicker 1996, Zitat S. 26; Wicker 1997.

erstmals ein die Geschichte bestimmendes »law of acceleration« postulierte, tat dies nicht während der Französischen Revolution, sondern im Jahre 1905.[30] Das Problem bei Koselleck – nämlich die enge Koppelung von gesellschaftlichem Trend und historischer Epochenschwelle – illustriert zugleich eine allgemeine Problematik der modernen Leitbegriffe: Ihre Prozeßorientierung erschwert die Periodisierung. Es dürfte weiterum Einigkeit darüber herrschen, daß es aus organisatorischen und pädagogischen Gründen unumgänglich ist, Geschichte nach bestimmten Perioden zu segmentieren. Schieben sich nun aber Trends mit ihrer hartnäckigen Eigenschaft, konventionelle Zeitgrenzen zu überschreiten, in den Vordergrund, so büßen die Grenzen an Legitimität ein. Statt Klarheit zu schaffen kann die Langzeitperspektive damit zur Konfusion beitragen.[31] Auf der anderen Seite scheint sie jedoch in besonderem Maß geeignet, verbreiteten Bedürfnissen nach Orientierung entgegenzukommen, was sich schon in der Nähe zu alltäglichen Ausdrucksweisen mit ihrer vielfältigen Vergangenheits- und Zukunftsbefragung andeutet. Nach Eric Hobsbawm sollte auch die geschichtswissenschaftliche Trenddiskussion nicht vor einer Zukunftsbefragung zurückschrecken. Da ernstzunehmende Vorstellungen über kommende Entwicklungen ohne gründliche Kenntnis vergangener Entwicklungen und Entwicklungspotentiale buchstäblich unvorstellbar sind, müßten Historiker und Historikerinnen »eigentlich zu diesem Thema etwas von Belang zu sagen haben«.[32]

Eine Vorbedingung ist allerdings ein sorgfältiger innerdisziplinärer Umgang mit historischen Trends. Hier wurden allgemeine, von Einzelfällen losgelöste Probleme dieses Umgangs behandelt, zuerst anhand einer Dokumentation und sprachlichen Untersuchung der Prozeßbegriffe, dann anhand der theoretischen Positionsbezüge innerhalb des Begriffsensembles. Wir haben unter anderem gesehen, daß sich eine disziplinierte Trenddiskussion nicht ohne weiteres von der Magie des ung-Universums vereinnahmen lassen sollte, daß die allzu logische Kombination mehrerer Leitbegriffe im Formalismus enden kann und daß das Thema des Maßstabs für die Beurteilung von Trends und Gegentrends von großer Bedeutung ist. Die Hauptthese des Texts betraf das semantische Koordinatensystem, innerhalb dessen wir über Wandel sprechen. Es wurde argu-

---

30 Werner 1980, S. 493–496; Adams 1983, v. a. Kap. 33 (»A Dynamic Theory of History«) und Kap. 34 (»A Law of Acceleration«); vgl. Koselleck 1979, S. 65–66, 329; sein dort angekündigter Titel »Gibt es eine Beschleunigung in der Geschichte?« ist m. W. bisher nicht erschienen [er ist im Jahr 2000 erschienen, vgl. hier unten Essay 6]; dazu: Meier/Koselleck 1975, v. a. 400–402; Koselleck 1985.

31 Ein Beispiel unter vielen: »Sozialdisziplinierung« war zunächst ein auf das 17. und v. a. 18. Jh. gemünzter Begriff, nachher wurde er auf die Zeit vom Mittelalter bis 20. Jh. angewandt, vgl. Vogel 1997, S. 191.

32 Hobsbawm 1998, S. 59.

mentiert, daß die Temporalität außer- und innerhalb der Geschichtsschreibung an Dynamik gewann, was unsere Aufmerksamkeit von vornherein auf Prozeßhaftes lenkt. Diese zur Trendinflation verleitende Entwicklung erhöht die Anforderungen an das methodische Bewußtsein – man kann ihr wissenschaftlich nur durch eine kritischere Trendselektion begegnen.

Folge der Monate	Tage einzeln	Zusammen gezählte Tage	
		im gem. Jahr	im Schaltjahr
1. Januarius –	31	— 31 – –	— 31
2. Februarius –	28	— 59 – –	
im Schaltjahr –	(29)	– – – –	— 60
3. Martius – –	31	— 90 – –	— 91
4. Aprilis – –	30	— 120 – –	— 121
5. Majus – –	31	— 151 – –	— 152
6. Junius – –	30	— 181 – –	— 182
7. Julius – –	31	— 212 – –	— 213
8. Augustus – –	31	— 243 – –	— 244
9. September –	30	— 273 – –	— 274
10. October – –	31	— 304 – –	— 305
11. November –	30	— 334 – –	— 335
12. December –	31	— 365 – –	— 366

Grundjahr im Julianischen und Gregorianischen Kalender. Gatterer: Chronologie, 1777, S. 21.

2.   Synthese und Indiz. Zwei Arten von Kulturgeschichte

Unter den vielen Möglichkeiten für einen wissenschaftlichen Umgang mit kulturellen oder soziokulturellen Entwicklungen lassen sich zwei stark kontrastierende auseinanderhalten. Der eine Weg führt durch die Theorielandschaft: Man kann von einem (prozessualen) Leitkonzept ausgehen und es, auch mit geringem empirischem Aufwand, auf seine Validität befragen, gegebenenfalls dekonstruieren und rekonstruieren. Dies ist eine Methode, welche vor allem der begrifflichen Kohärenz und Erneuerung in den betreffenden Disziplinen zugutekommt. Der andere Weg führt über Indizien: Man kann sie als empirische Ausgangspunkte benutzen für die Entdeckung von wenig beachteten Trends oder von wenig bekannten Aspekten eines bekannten Trends. Diese Detailarbeit am Material hat die Dignität des Individuellen und bietet ein offenes Potenzial von überraschenden Einsichten.

Der folgende Text veranschaulicht die beiden Arten historischer Kulturforschung an zwei Beispielen. Einer älteren international vielbeachteten Synthese, nämlich der Zivilisationstheorie von Norbert Elias wird ein wenig untersuchtes, aus zwei Buchstaben bestehendes Indiz gegenübergestellt. In beiden Fällen geht es um vergleichbare Themen, in beiden Fällen soll hier die Forschungspraxis, also die konkreten Umstände der Begriffsbildung, Rezeption, Umsetzung, Quellenlage im Vordergrund stehen und vor allem an schweizerischen Verhältnissen beleuchtet werden. Ziel der Ausführungen ist es, Anregungen für einem differenzierten Umgang mit kulturellen Entwicklungen zu vermitteln und dabei auf Gefahren und Chancen einer Langzeitperspektive hinzuweisen. In der gegenwärtigen Diskussion um die Methoden einer »neuen Kulturgeschichte« wird dieser Perspektive nach meinem Dafürhalten zu wenig Beachtung geschenkt. Zur Verbesserung ihres wissenschaftlichen Status, so eine These des Texts, sollte sich die Kulturgeschichte mehr auf die zeitliche Dimension der Phänomene als auf ihre Synthetisierung konzentrieren.[1]

Zuerst erschienen in: Schweizerisches Archiv für Volkskunde 96 (2000), S. 1–13.

1 Der Text ist Teil eines grösseren Forschungsvorhabens über historische Trends am Beispiel der
  Schweiz [das nach 2000 beruflichen Verpflichtungen zum Oper fiel]; für Diskussionen und

Der Prozess der Zivilisation

Wann und wo die einzelnen Teile der Zivilisationstheorie von Norbert Elias (1897–1990) konzipiert und geschrieben wurden, ist bisher nicht wirklich geklärt, doch dramatisch waren die Umstände der Entstehung auf jeden Fall. Nach seiner Dissertation im Fach Philosophie arbeitete Elias seit 1930 am Soziologischen Seminar der Universität Frankfurt, untergebracht im Gebäude des Instituts für Sozialforschung, der nachmals berühmten »Frankfurter Schule«. Die Machtergreifung der Nationalsozialisten anfangs 1933 liess dem deutsch-jüdischen Wissenschaftler und seinem linksintellektuellen Milieu keine Chance. Elias reiste zunächst auf Arbeitssuche in die Schweiz, hielt sich dann zwei Jahre in Paris auf und emigrierte im Herbst 1935 nach England, wo er lange Zeit bleiben sollte. In der Pariser Periode, so erinnerte er sich später, sei es schon vorgekommen, dass er Hunger litt und Bekannte um einen Imbiss anhalten musste. Bei seiner Ankunft in London wandte er sich an eine jüdische Flüchtlingsorganisation und erhielt Unterstützung für ein Buchprojekt, gerade ausreichend, um eine Zimmermiete und Lebensmittel zu bezahlen. Laut den Interviews, die er als spät Berühmtgewordener seit den 1970er Jahren gab, besass er damals noch keine klare Vorstellung von seinem Buch. Er habe einfach die ganze Zeit in der Bibliothek des British Museum verbracht und fast zufällig alles gelesen, was ihm von Interesse schien. Dabei sei er auf die Manierenbücher verschiedener europäischer Länder gestossen, an denen ein langfristiger vom Spätmittelalter bis ins 19. und 20. Jahrhundert reichender Wandel alltäglicher Verhaltensweisen und Affektlagen deutlich geworden sei. Den statischen psychologischen Lehren, die ihm bekannt gewesen seien, habe dies direkt widersprochen – Grund genug zur weiteren Forschung.[2]

Es gibt allerdings auch Gründe, diese öffentlich erinnerte Zufallsversion nicht ganz beim Wort zu nehmen. Die Arbeit am zweibändigen Werk »Über den Prozess der Zivilisation«, das nach einer komplizierten Druckgeschichte 1939 in Basel erschien, muss vor der Londoner Zeit begonnen haben. Im ersten Band erwähnt der Autor »eine Reihe von Vorarbeiten, die notwendig waren«, dankt für das Interesse befreundeter Persönlichkeiten während der Pariser Arbeit und datiert sein Vorwort auf September 1936. Auch sonst ist der Einfluss seines intellektuellen Werdegangs auf das Werk offensichtlich. Wenn man entscheiden müsste, ob Elias vom Speziellen zum Generellen kam oder vom Generellen zum Speziellen, wäre die zweite Version bestimmt vorzuziehen: Er hat sich in seinen langen Lehrjahren vom (Geschichts-) Philosophen zum (historischen) Soziolo-

---

Unterstützung danke ich den TeilnehmerInnen des Berner Symposions für Theoriefragen und den MitarbeiterInnen der schweizerischen Dialektwörterbücher.
2 Menell 1989, v. a. S. 8, 14–18; Korte 1997, S. 17–20, 113–134, 169–172.

gen mit Blick auch für individuelle Verhaltensweisen und Befindlichkeiten gewandelt.[3]

Das Buch über den Zivilisationsprozess gilt daher heute als Werk, das Theorietraditionen des späten 19. und frühen 20. Jahrhunderts fortführt. Wie jene Traditionen erhebt es einen hohen Allgemeinheitsanspruch (mit seiner Hinwendung zu globalen Fragen wurde der Anspruch von Elias im Alter noch gesteigert). Anders als damalige Hauptströmungen billigt es aber alltäglichen Verrichtungen gleichzeitig einen hohen Erkenntniswert zu. Das Verhalten bei Tisch und im Schlafraum, das Schneuzen und Spucken, die Einstellung zu den »natürlichen Bedürfnissen« werden damit zu legitimen Gegenständen des wissenschaftlichen Interesses. Im einzelnen erweist sich der Zivilisationsprozess als komplexes, facettenreiches Buch mit vielen Beobachtungen empirischer und theoretischer Art. Zentral ist die These, dass sich die Kontrolle über elementare persönliche Impulse langfristig stark erhöht habe. Mit der zunehmenden sozialen Verflechtung und vor allem mit der Staatsbildung sei eine Pazifizierung der Gesellschaft und Domestizierung der Subjekte verbunden gewesen. Der gesellschaftliche Zwang habe sich zum kaum mehr wahrgenommenen, verinnerlichten Selbstzwang entwickelt.[4]

Diese vielfach vorgetragene (und variierte) These dürfte nicht unwesentlich zur spektakulären Karriere beigetragen haben, welche das Buch und der Autor in den 1970er Jahren machten. 1969 entschloss sich ein Berner Verlag, das über 800 Seiten zählende Werk neu herauszugeben, den Durchbruch brachte dann eine Taschenbuchausgabe von 1976 bei Suhrkamp: Bis kurz nach seinem Tod im Jahre 1990 avancierte Elias vor allem mit seiner Frühschrift zum Bestsellerautor des grossen Frankfurter Verlags. Unterstützt wurde der Aufstieg durch starkes Medieninteresse an seiner Person und an seinem eigenständigen Lebensweg am Rand der akademischen Zentren, der ihn schliesslich zu hohen kulturellen und staatlichen Auszeichnungen führte. In den Niederlanden und in Deutschland hatten sich schon vorher mehr oder weniger verschworene Elias-Zirkel gebildet, der Keim jenes internationalen Netzwerks von WissenschaftlerInnen, die sich heute der Figurations- oder Prozess-Soziologie verpflichtet fühlen. Seit 1997 gibt die Norbert Elias Stiftung die kritische wissenschaftliche Ausgabe des umfangreichen Gesamtwerks heraus.[5]

---

3 Elias 1939, Bd. 1, S. XIX–XX ; Rehberg 1996, v. a. S. 61, 95, 101, 112; Merz-Benz 1996, S. 180–204; gegenwärtig [2000] ist eine Revision der frühen Elias-Biographie im Gang, die bisher zum grossen Teil auf späten Selbstaussagen beruhte; diesen Punkt übersieht Gerd Schwerhoff in seinem lesenswerten Beitrag zu Elias' Forschungsparadigma in historischer Sicht (1998).

4 Später gab Elias dem Trend eine andere Wendung und legte das Gewicht nicht auf die quantitative, sondern auf die qualitative Steigerung der Selbstkontrolle, z. B. in Elias 1989, S. 129.

5 Krieken 1998, S. 2; Elias 1997.

Zwei Mal Zürcher Geschichte

Am Tag, an dem ich diese Zeilen schreibe, umfasst die Liste von Exponenten des genannten Netzwerks Personen aus zahlreichen Ländern bis hin nach Australien, aus der Schweiz wird niemand angeführt. Die Schweiz war Schauplatz der ersten Auflagen, auch Schauplatz einer gewissen Rezeption und internationalen Vermittlung des Zivilisationsbuchs während der Kriegs- und Nachkriegszeit. Aber vieles spricht dafür, dass erst der Elias-Boom in anderen Ländern zu einer verbreiteten Lektüre führte. Dies ist nicht der Ort für eine vertiefte Rezeptionsgeschichte. In der schweizerischen Geschichts- und Kulturwissenschaft, soviel scheint mir gesichert, wird die Theorie des öfteren mündlich diskutiert und gelegentlich zitiert, doch argumentativ unterlegte publizierte Positionsbezüge sind aufs ganze gesehen selten.[6] Schauen wir uns zwei dieser Ausnahmen an, um den Umgang mit kulturellen Entwicklungen von der theoretischen Praxis her zu betrachten.

Balz Spörry fasst eine Studie zur Sozialgeschichte von Literatur und Leser im Zürcher Oberland während des 19. Jahrhunderts unter dem Titel »Literarisierung im Prozess der Zivilisation – ein Modellentwurf« zusammen; für einzelne Fragen hat er sich persönlich mit Elias in Verbindung gesetzt. Er zeigt den Wandel von einer auf oraler Kommunikation basierenden Gesellschaft zu einer literarisierten, heterogenen Gesellschaft (zunehmende Unterscheidung der Rezipientengruppen von Lesestoffen). Ausgehend von der Frage, ob die Literarisierung »moderne« Mentalitäten erzeuge, präsentiert er eine Reihe von Hinweisen, dass sich während desselben Zeitraums in vielen Bereichen ein sozial differenzierter »Zivilisationsschub« vollzogen habe (punkto Dorfschlägereien, Essmanieren, Schneuzen, Sprache, Kleidung, Reinlichkeit usw.), um dann zum Schluss zu kommen, dass nicht die Literarisierung die Mentalitäten verändere, sondern der Wandel gesellschaftlicher Wahrnehmungsstrukturen die Literarisierung ermögliche; erst in einer zweiten, allerdings mit der ersten verflochtenen Phase sei der umgekehrte Einfluss spürbar. Mit der Literarisierung bildeten sich Instanzen, welche die Lektüre in hohe und niedrige Sphären einteilten (Schunddebatte). Diese Zuweisung, so Spörry, sei nicht so sehr Ausdruck von Distinktionsbedürfnissen, sondern richte sich nach dem erreichten »Zivilisationsstandard«: Die zivilisierten Lehrer und Pfarrer stigmatisierten die »bestialischen«, an unkon-

---

6 http://www.ucd.ie/~figurate/prinfigs.html am 19.10.1999; Gleichmann 1982, S. 21–22, 28, 30, 41–43, 82; für die Rezeption habe ich verschiedene serielle Schriften durchgesehen (Schweizerische Zeitschrift für Geschichte; Schweizerisches Archiv für Volkskunde; Schweizerische Gesellschaft für Wirtschafts- und Sozialgeschichte, jährliche Bände ab 1981; Itinera, Publikationsreihe ab 1985; Traverse. Zeitschrift für Geschichte, ab 1994); die Zitationsquote ist am höchsten in der jüngsten Zeitschrift, fällt aber auch dort klar gegen andere Soziologen ab; ich habe in diesem Sample nur zwei Aufsätze gefunden, die ausführlich auf Elias eingehen.

trollierte Affekte und Triebe appellierenden Lesestoffe und deren Konsumenten. Insgesamt habe also »auch im Zürcher Oberland« eine Ummodellierung menschlicher Verhaltensweisen im Sinne der Zivilisationstheorie stattgefunden.[7] Anders verlief die Entwicklung, wenn wir Albert Wirz glauben dürfen, in Zürich selber. Dort eröffnete Maximilian Oskar Bircher-Benner, der Erfinder des Birchermüesli, im ausgehenden 19. Jahrhundert zunächst eine Arztpraxis in einem Arbeiterquartier und dann eine reformorientierte Klinik in einer Villengegend. Wirz widmet diesem schweizerischen Ernährungspionier ein literarisch gehaltenes Buch, das auch den amerikanischen Erfinder der Cornflakes einbezieht und mit vielen Rück-, Seiten- und Ausblicken die »Moral auf dem Teller« bis hin zur »Grammatik des Essens« thematisiert. Wenn es ums Essen geht, liegt Elias nahe. Der Autor versichert denn auch, er habe die Zivilisationstheorie aufmerksam studiert, nur sei er von diesem Zugang zu den Problemen des Alltags im neuzeitlichen Europa alles andere als überzeugt: »… so bestechend die Theorie, so falsch ist sie; denn Affektkontrolle gehört zu jeder Gesellschaft, ob gross oder klein, ob primitiv oder zivilisiert, ob arm oder reich; alles andere ist ein Mythos. Was sich in der Zeit und von Kultur zu Kultur, von Gruppe zu Gruppe unterscheidet, ist, denke ich, weniger das Mass der inneren Kontrolle als ihre Ausprägung, die sich stetig wandelt, und der Bereich, wo sie sich manifestiert. Arbeiter mögen sich bei Tisch ungehobelt benehmen, dafür sind ihre Moralvorstellungen um so strikter; sie mögen sich schneller prügeln als Bürger, doch würden sie es nie wagen, so raffgierig wie jene zu sein. (…) Bei genauerem Hinschauen erweist sich Norbert Elias' Zivilisationstheorie als eine leicht verbrämte Version der unilinearen imperialistischen Weltsicht des neunzehnten Jahrhunderts, die die Erfahrungen des europäischen Bürgertums verabsolutiert und zum Massstab für die Welt erhebt. Um so überraschender die breite Zustimmung, auf die seine Werke in den letzten zehn, zwanzig Jahren vor allem in der deutschsprachigen Sozialwissenschaft gestossen sind. Noch scheinen die Erkenntnisse der neueren sozialanthropologischen Forschung nicht ›über den Rhein‹ gekommen zu sein.«[8]

---

7 Spörry 1987, S. 295–326.
8 Wirz 1993, S. 38; mit der »neueren sozialanthropologischen Forschung« meint Wirz v. a. Mary Douglas, die er neben Roland Barthes, Pierre Bourdieu und Clifford Geertz einleitend als theoretische Referenz nennt (S. 10).

Ein Prozess zuviel

Zwei Mal Zürcher Geschichte – 1987 warmer Zuspruch zur Zivilisationstheorie, 1993 pointierte Ablehnung. Stehen wir vor einem Beleg für die verschiedenen von Peter Burke skizzierten Phasen der Elias-Rezeption von der anfänglichen Begeisterung über die Kritik hin zur Assimilation? Diese Interpretation wäre wohl allzu glatt, persönliche Umstände und Hintergründe dürften hier wichtiger gewesen sein.[9] Wie dem auch sei, auf Empirie können sich beide Urteile nur beschränkt berufen, denn keiner der Autoren konzentriert sich natürlich auf jene langen Perioden, die Elias zu seiner Spezialität gemacht hat. Solche Inkongruenzen vermindern die Chancen einer erfahrungsgesättigten Auseinandersetzung und geben symbolischen Aspekten bei der Theoriebeurteilung grösseres Gewicht. Von Elias wurde die Beobachtungsperiode denn auch mehrfach für eine Schelte der etablierten Geschichtswissenschaft genutzt: Die Kurzsichtigkeit und Detailkrämerei der Historiker erlaube nur eine Synthese auf niedrigem Niveau und gehe einher mit starker Ideologieanfälligkeit.[10] Formulieren wir unsere Position in ähnlich angriffiger, um nicht zu sagen unzivilisierter Manier. Erstens: Langzeitperspektiven schützen nicht vor ideologischer Schieflage, zweitens: hochsynthetische Modelle können den Blick für kulturelle Trends gerade verstellen. Diese Lehren sollte man, wie ich meine, aus den vielen Debatten ziehen, die den Elias-Aufstieg begleiteten und weiterhin begleiten.

Erstens. Es ist der Theorie nicht gelungen, den Zivilisationsbegriff aus seiner (von Wirz angedeuteten) historischen Belastung herauszulösen und wissenschaftlich zu neutralisieren. Elias hat dem Manierenkapitel zwar ein ausführliches Kapitel über die Entwicklung der Begriffe »Zivilisation« und »Kultur« vorausgeschickt. Doch er interpretiert ihre Geschichte auf problematische Weise,[11] und vor allem hat er, was selbst führende Prozess-Soziologen zugestehen, nicht systematisch zwischen Zivilisation mit und ohne Anführungszeichen unterschieden. So kann man umstandslos Argumente akzeptieren, die von »zivilisierenden« Instanzen selber vorgebracht wurden (die Studie von Spörry als warnendes Beispiel). Dass Elias' Begriff der Zivilisation ein kritisches Mass an ideologischer Sättigung überschreitet, zeigen die vielen, teilweise heftigen Eurozentrismus-Vorwürfe an seine Adresse. Ich denke auch nicht, dass sich die Theorie verbessert, wenn man sie mit einem Gegenbegriff anreichert, also *Zivilisierung* und *Entzivilisierung* zu einem stehenden Begriffspaar macht, wie es sich

---

9   Burke 1997b, S. 69; für eine recht zufällige, umstandsbedingte Lektüre durch verschiedene Generationen in unterschiedlichen Themenfeldern spricht meine Zitationssammlung (vgl. Anm. 6).

10 Elias 1989, S. 174–178; Menell 1989, S. 195–196, 285 (mit weiteren Verweisen).

11 Vgl. die Kritik aus begriffshistorischer Sicht von Fisch 1992, v. a. S. 681, 722.

in der aktuellen Debatte einbürgert. An Verschwommenheit besteht ja kein Mangel.[12]

Zweitens. Mangel besteht hingegen an operationalisierbaren Kriterien für die zentral gesetzte langfristige Entwicklung zum Selbstzwang und deren historische Einordnung. Sehr synthetische Modelle, wie sie Elias als letztes Ziel wissenschaftlicher Anstrengung ausgibt, erschweren die Kontrolle einzelner Zusammenhänge und verringern die Achtsamkeit bezüglich eigener Erfahrungen und Prämissen. Die Zunahme des Taschentuch-Schneuzens in Europa mag eine gut dokumentierte Tatsache sein, aber nichts sagt uns, dass wir dem Trend dank seiner Synthese gerecht werden. Burke nennt in diesem Zusammenhang das Beispiel der kanadischen Indianer, die entsetzt waren, als Jesuiten-Missionare Taschentücher benutzten, um sich die Nase zu putzen: In ihren Augen war diese Sitte unrein. Besonders deutlich wird die Gefahr der theorieinduzierten Überinterpretation bei jenen Trends, die man heute der *Informalisierung* zuordnet und früher als Lockerung der Sitten bezeichnete. Angenommen, man könne genau belegen, dass es sich in vielen Fällen um »a highly controlled decontrolling of emotional controls« (Elias) gehandelt habe, ja dass die Anforderungen an das Selbst unter Umständen gestiegen seien.[13] Müsste man dann nicht untersuchen, ob die Formalisierung, das heisst der subjektbezogene Kern des Zivilisationsprozesses, umgekehrt Elemente der Selbstbefreiung enthielt?

Soziale Distanzierungen

Ein Verdienst von Norbert Elias ist es, Aspekte des Alltagslebens ins Zentrum eines auch theoretischen Interesses gestellt zu haben. Der Versuch, alle denkbaren Prozesse auf einen einzigen zu beziehen, wenn nicht zu reduzieren, hat aber einen ahistorischen Beigeschmack, der an jenen »philosophischen Absolutismus« erinnert, den er zeitlebens bekämpfte. Auch seine interessante figurationssoziologische Auflösung oder Leugnung der Makro-Mikro-Problematik verspricht daher mehr als sie hält. Die Trenddiskussion muss also immer von neuem beginnen – zum Beispiel bei den Buchstaben *c. v.* und *s. v.*, als deren Entdecker ein amerikanischer Historiker gelten kann. Viele von uns haben diese und ähnliche Initialen in älteren Texten auch gesehen, ohne ihnen weitere Beachtung zu schenken. David Warren Sabean hat in einem kürzlich publizierten Aufsatz über soziale Distanzierungspraktiken eine überraschende Geschichte daraus gemacht, die für die

---

12 Menell 1989, v.a. S. 30, 36, 229, 246–250; viele Einblicke in die der Elias-Tradition verpflichtete, aber offen und kritisch geführte Debatte gibt die seit 1994 zweimal jährlich erscheinende Zeitschrift: Figurations. Newsletter of the Norbert Elias Foundation.
13 Burke 1997b, S. 68; Menell 1989, S. 241–246, Zitat S. 242.

Produktion von Trends aus einer Mikroperspektive exemplarischen Charakter hat und sich folgendermassen zusammenfassen lässt.[14]

Cum venia

C. v. steht für *cum venia* und heisst »mit Ihrer Erlaubnis«, s. v. oder *salva venia* lässt sich übertragen mit »bitte um Entschuldigung«, »ohne Euer Wohlwollen (Gnaden) zu verletzen«. Diese Formeln entwickelten sich im Laufe der frühen Neuzeit zu routinemässig verwendeten Einschüben, mit denen Amtspersonen aller Stufen entsetzliche, unflätige, blasphemische oder auch nur unfeine Ausdrücke in ihren Schriften markierten, um sich davon zu distanzieren. Am Ende der Periode konnten Texte der deutschen bürokratischen Prosa, wie der Autor die Gattung nennt, über und über mit c. v. und s. v. besprenkelt sein. Im Herzogtum Württemberg, dem primären Untersuchungsgebiet, scheint der Brauch während des 16. Jahrhunderts aufgekommen zu sein. Allerdings gab es damals noch ganz verschiedene Strategien im Umgang mit dem Anstössigen, erst nach der Mitte des 17. Jahrhunderts setzten sich die genannten venia-Varianten, fast immer in ihrer abgekürzten Form, als geläufigste Etiketten durch. Im 18. Jahrhundert dehnte sich der Bereich des Unsagbaren aus, vor allem die Markierung von Ausdrücken der Verunreinigung wurde nun immer häufiger und erfasste immer weitere Gegenstände. Wie sich die ritualisierte Distanznahme im 19. Jahrhundert fortsetzte, lässt Sabean offen – die starke Veränderung der Dokumentationsbasis um 1800 mache eine solche Untersuchung schwierig. Von den verschiedenen Bezugsfeldern wie Blasphemie, Unanständigkeit, Beleidigung, denen er die markierten Wörter zwecks Inhaltsanalyse zuordnet, scheint die erwähnte expansive Kategorie der Verunreinigung die interessanteste zu sein. Alles, was mit bäuerlicher Arbeit und mit Erde und den erdnahen Bereichen verbunden war, wurde vom entstehenden bürgerlichen Mittelstand, welcher die Einschub-Praxis vorantrieb, tabuisiert: »… Gänse, Schweine, Kühe, Ziegen und anderes Vieh, aber auch Pferdehaar und Lämmerschwänze, Dünger und Erde, Ställe, Waschhäuser und Futtertröge, Füsse, Socken, Schuhe, Stiefel sowie Hosen gingen als Verunreinigung in die Texte von Beobachtern ein, die immer weniger imstande waren, Bauern überhaupt noch ausserhalb des Kategorienreichs von Schmutz und Dreck wahrzunehmen.«[15]

Zwei Buchstaben als Indikator für einen säkularen Trend zu verwenden, ist eine radikale Forschungsstrategie. Sie macht Gebrauch vom Indizienwert des

---

14 Sabean 1996.
15 Zitat Sabean 1996, S. 233.

Details, in dem sich potentiell eine ganze soziale Welt spiegelt. Der Gehalt dieser unscheinbaren Initialen wird in der Studie weniger behauptet als veranschaulicht, so dass jede Zusammenfassung dürr erscheinen muss. Nur die eigene Lektüre kann einem die Bedeutung der entstehenden Kopfnicker-Kultur wirklich vor Augen führen, die ständig bemüht ist, ihr Selbstwertgefühl und ihr Hierarchiebewusstsein unter Beweis zu stellen (wenn Sie gnädigst geruhen, den Ausdruck *Fuss* zu entschuldigen). Doch Sabean belässt es nicht bei diesem mikrohistorischen Verfahren, sondern gibt Hinweise für eine allgemeine Einordnung. Im Zusammenhang mit der Barockisierung des Hofes und der Verwaltung seien hierarchische Unterschiede mehr und mehr betont worden; das Bevölkerungswachstum, der ungleiche Marktzugang und die Herausbildung politischer Faktionen hätten sich auch innerhalb der Dörfer in einem abnehmenden Integrationsgrad geäussert; das Spiel um Ehre und Unehre sei damit stärker mit sozialen Differenzen verbunden worden. »Innerhalb einer sich mehrenden Artikulation hierarchischer Unterschiede entwickelten mittelständische Schreiber und Amtsleute mit Hilfe der Erweiterung und Veränderung des Verständnisses von Verunreinigung und Schmutz neue soziale Grenzziehungen.« Vielleicht seien die neuen Grenzziehungen im Zusammenhang zu sehen mit dem Übergang von einer christlichen Orientierung auf innere und äussere Reinheit hin zu einer vom innerweltlichen Perfektionsprogramm der Aufklärer angetriebenen Orientierung auf Sauberkeit. Wenn man diesem Unterschied zwischen »Reinheit« und »Sauberkeit« nicht die gebührende Beachtung schenke, so gibt Sabean anmerkungsweise und etwas unvermittelt zu bedenken, dann stelle man Max Webers Vorstellung von der Entstehung der modernen Welt als eines Prozesses der Entzauberung in Frage.[16]

Salvo honore

Seine Studie konzentriert sich auf Württemberg und zitiert daneben, ohne Anspruch auf Systematik, mehr oder weniger parallele Belege für andere mitteleuropäische Regionen. Was kann man aus den Gebieten der heutigen Schweiz beibringen? Sie stellen hier insofern ein interessantes Experimentierfeld dar als sie zu drei grossen Sprachräumen gehören, daneben haben sich kleine Schriftsprachen wie die rätoromanischen gebildet. Zusammen mit der politischen Bedeutung der Mundart führte diese Situation seit dem 19. Jahrhundert zu einer

---

16 Sabean 1996, S. 232–233; für den Übergang Reinheit–Sauberkeit in der Aufklärung verweist er auf Kuchenbuch 1987; mit der Anmerkung nimmt er Stellung gegen Mary Douglas, welche diesen Unterschied für nicht so erheblich hält (Douglas 1988). Die Problematik ist zu weitläufig, um an dieser Stelle erörtert zu werden.

starken Entwicklung der schweizerischen Dialektologie. Ihre Arbeiten und vor allem ihre unpublizierten Materialsammlungen erleichtern der Forschung bei solchen Fragen häufig die Orientierung; zumindest in groben Zügen lässt sich damit rasch ein Überblick gewinnen.[17] In Kürze sei folgendes berichtet.

Belege für lateinische Distanzierungsformeln nach Art von *cum venia* oder *salva venia* (wir beachten hier nur diese Indikatoren, sehen also vom Variantenreichtum der umgangssprachlichen Markierungen ab) finden sich in den Materialsammlungen aller Landesteile und beziehen sich vorab auf Tiere und Tierisches:

- Deutsche Schweiz: *reverenter* »mit Verlaub zu sagen«, abgekürzt r. oder rev.; *salveveni* von salva venia, abgekürzt s. oder s. v.; *salvenori* von salvo honore »ohne Verletzung der Ehre zu sagen«, abgekürzt s. h.; Belege von 1604 bis Ende 19. Jahrhundert für die Kantone Aargau, Appenzell, Bern, Basel, Graubünden, Luzern, St. Gallen, Schaffhausen, Schwyz, Thurgau, Zürich. Hinweise auf umgangssprachliche Integration; fragwürdiger Einzelbeleg für *salvefreni*, mit der Anlehnung an den weiblichen Eigennamen Vreni erklärt.[18]
- Französische Schweiz: *à respect; revereince parla* »mit Verlaub zu sagen«; *salva reverentia; sauf honneur*, abgekürzt s. h; *sauf respect*, abgekürzt s. r.; Belege von 1593 bis Ende 19. Jahrhundert für die Kantone Fribourg, Valais, Vaud. Teilweise ironischer oder polemischer Gebrauch, v. a. wenn auf Frauen bezogen.[19]
- Italienische Schweiz: *salvonor* in verschiedenen Schreibweisen, abgekürzt s. o., s. h. oder s. h. b. (salvo honore bestie); Belege vom 17. bis beginnenden 20. Jahrhundert, archaisiernd bis 1943. Die substantivierte Form für »Schwein« nur in Italienisch Bünden, vgl. unten.[20]
- Rätoromanische Schweiz: *salvaveni* (selten, nur Nordbünden); *salvonur*, in allen bündnerromanischen Sprachgebieten, verschiedene Schreibweisen, abgekürzt s. h., selten s. o.; Belege vom 17. bis frühen 20. Jahrhundert. Die sub-

---

17 Vgl. Mathieu 1993; ausgesprochen dialektale Ausdrucksweisen sind in den Materialsammlungen freilich systematischer repräsentiert als die hier untersuchten zunächst gelehrten Formeln.
18 Schweizerisches Idiotikon, seit 1881, Bd. 6, Sp. 648, Bd. 7, Sp. 862; die oben genannten Angaben anhand der Materialsammlung im Institut des Schweizerdeutschen Wörterbuch (Zürich), die noch einige unpublizierte Belege enthält.
19 Materialsammlung des Glossaire des patois de la Suisse romande (Neuchâtel); Bridel 1866, S. 330 schreibt zur zweitgenannten Wendung: »employée par la politesse rustique, quand on nomme une vache, un porc, un lit. Un paysan d'Oron poussait la délicatesse si loin, qu'en parlant de sa femme, il disait toujours: Revereince parla.«
20 Materialsammlung des Centro di dialettologia della Svizzera italiana (Bellinzona); vgl. auch Bianconi 1989, S. 156; Fransioli 1994, S. 117.

stantivierte Form *il salvonur* »das Schwein« mit archaisierenden Belegen bis 1995.[21]

Insgesamt weisen die Materialien darauf hin, dass gelehrte Distanzierungsformeln seit dem 17. Jahrhundert geographisch weit verbreitet waren, dass sie sich unter Umständen stark in die landläufigen Sprachen integrierten und dass man sie im frühen 19. Jahrhundert mit unverminderter, wenn nicht gesteigerter Frequenz weiter verwendete.[22] Für solche Häufigkeitsaussagen sind die aus heterogenen Quellen gespiesenen Sprachsammlungen allerdings unzuverlässig. Methodisch müsste es aufschlussreicher sein, bestimmte relativ stabile Textsorten über eine längere Zeit zu verfolgen. Ich greife hier ein Beispiel heraus: die Entwicklung der Gesetzestexte in einer bündnerischen Talschaft an der Grenze zu Tirol. Im Jahr 1592 können die Zivilstatuten des Münstertals Vieh und Mist ohne Markierung passieren lassen, in der inhaltlich fast identischen Version von 1650 beginnt sich der Schreiber dagegen über solche Normalitäten des ländlichen Alltags zu erheben, indem er da und dort ein *s. h.* einstreut. Die Satzungen der Gemeinde Müstair von 1629 brauchen den salvo honore-Vorbehalt in 3 von 13 Artikeln, vor allem für Vieh, das in Verbindung mit dem Friedhof oder dem Schindanger erwähnt wird. In den Nachträgen zur Dorfordnung aus den Jahren 1662 bis 1795 bildet die sprachliche Distanzierung dann den Normalfall. 10 von 11 Artikeln nennen das Vieh, ja sogar den Stall nun »ohne Verletzung der Ehre«, und 1815, bei einer Redaktion des ganzen Gesetzes, erhalten die Nutztiere noch in vielen ursprünglichen Artikeln den Zusatz *s. h.*[23] Dass die öffentliche Sprache, und zwar auch die öffentliche Sprache der Bauern im 19. Jahrhundert in dieser Gegend stark von Markierungen durchsetzt ist, lässt sich auch sonst nachweisen. »Bis vor wenigen Jahren«, berichtet ein Korrespondent im beginnenden 20. Jahrhundert aus einem nahegelegenen Dorf, »wäre es nie vorgekommen, dass ein Bauer in einer Gemeindeversammlung etwas

---

21 Materialsammlung des Dicziunari Rumantsch Grischun (Chur). Ich benutze die Gelegenheit, um ein Missverständnis in Sabeans Text zurechtzurücken; mein Hinweis auf *il salvonur* ist dort so ausgelegt, dass die herkömmlichen Ausdrücke für »Schwein« im Rätoromanischen ganz aus der Umgangssprache verschwunden seien (1996, S. 229); in Wirklichkeit wurden sie neben *salvonur* weiter verwendet, sehr häufig in markierter Weise: il s. h. püerch, il s. h. limari usw.

22 Daneben gab es zahlreiche andere Markierungsvarianten. Um ein berndeutsches Beispiel zu nennen: *nid zämezellt* oder *unzämezellt* »nicht zusammengezählt«, Entschuldigungsformel v. a. für Vergleiche von Menschen mit Tieren oder von menschlichen mit tierischen Verhaltensweisen, etwa *Di Sau het s äben ou eso gha, nid zsäme zellt, wi albe di Herren Offizier bi de Manöver, si het ou der Gring verlore* (Ris, Berndeutsches Wörterbuch, mit vielen Belegen für das 19. und 20. Jh.).

23 Mathieu 2000, S. 49–50.

anderes gesagt hätte als die salvonur Ochsen, die salvonur Kühe, die salvonur Schafe, die salvonur Schweine.«[24]

Im Vergleich zur Trenddarstellung für Württemberg sind zwei Dinge hervorzuheben. Die Sprachregelung bezog sich hier auf die »Ehre« (honor) und nicht auf die »Gnade« (venia): Etwa zur selben Zeit als sich die venia-Formeln im deutschen Herzogtum durchsetzten, kam es im Münstertal wie in anderen bündnerischen Gebieten zur routinisierten Verwendung der honor-Formel. Zudem waren die sozialen Beziehungen zwischen Produzenten und Adressaten der neuen Ausdrucksweisen in den beiden Territorien verschieden: Der bündnerische Freistaat, ein Musterbeispiel für lokalistische Machtverteilung, bildete geradezu einen Gegenpol zum verwaltungs- und zentrumsorientierten Württemberg. Ich zögere daher, die Distanzierungspraxis in diesem Fall der Bauernverachtung einer entstehenden bildungsbürgerlichen Schicht zuzuschreiben; vieles deutet darauf hin, dass die Kopfnicker-Kultur starke Antriebe von unten erhielt. Bildhaft gesagt ging die württembergische Variante von Amtsstuben aus, in denen sich die Schreiber fleissig gegen oben verbeugten, um sich der Gnade ihrer Vorgesetzten zu versichern und gleichzeitig gegen unten abzugrenzen, während die bündnerische Variante einen Dorfplatz abbildete, auf dem sich erwachsene Männer durch ständiges Zunicken gegenseitig in ihrer Ehre bestärkten (gegenüber der Tierwelt des Orts bzw. der unscharf davon abgegrenzten weiblichen Sphäre).[25]

Diese Frage der sozialen Antriebe oder Kräfte des Wandels ist ein zentrales Problem in vielen aktuellen Theoriedebatten. Diskussionen über Zivilisierung, Sozialdisziplinierung, Konfessionalisierung und andere Leitbegriffe drehen sich häufig um das Wieviel von oben und Wieviel von unten. Ich denke, dass sich solche Fragen nur in beschränktem Mass generalisierend beantworten lassen, weil die soziopolitischen Kräftefelder und damit die Voraussetzungen für Normeinführung und Normdurchsetzung regional sehr unterschiedlich sein konnten. Ausgehend vom Bündner Beispiel wäre man sicher geneigt, gegen die traditionelle Überschätzung des Steuerungspotentials von Obrigkeiten und Eliten ins Feld zu ziehen. Nur: Auf die Idee, mit einem Latinismus den Statuswettbewerb anzuheizen, war auch im Münstertal kein gemeiner Mann gekommen. Erst nachdem die Formel von einer Schicht mit besonderem Kulturhorizont importiert und auf dem lokalen Markt etabliert war, konnten die Kräfte von unten ihre Dynamik entfalten.[26]

---

24 Beleg für Ftan, Original rätoromanisch, Questiunari 1904–1920 im Dicziunari Rumantsch Grischun (Chur); in der Erhebung widerspiegelt sich der je nach Ort schnellere oder langsamere Rückgang dieser Formelsprache.

25 Die polemische Verbindung Frau–Tier lässt sich z.B. an Sprichwörtersammlungen nachvollziehen.

26 Mit weiteren Beispielen: Mathieu 2000, S. 49–52.

Schluss

Eines der Argumente, dem die Kulturgeschichte seit ihren klassischen Anfängen im 19. und frühen 20. Jahrhundert gegenübersteht, ist der Vorwurf, sie besitze keinen bestimmbaren Gegenstand, kennzeichnend für ihre Thematik sei vielmehr das Heterogene und Anekdotische. Der Vorwurf erwies sich als echtes Hindernis auf dem Weg zur Etablierung des Fachs, in der laufenden Auseinandersetzung über den Status von Kulturgeschichte im deutschsprachigen Raum steht er nicht zuunterst auf der Traktandenliste. Viele Vertreter der kulturorientierten Tendenzen reagieren darauf mit dem Hinweis auf weitreichende theoretische und philosophische Entwürfe oder auch nur mit dem Hinweis auf damit assoziierte Namen, welche eine einheitsstiftende Perspektive vermitteln sollen.[27] Damit setzen sie auf eine Strategie, die ebenso verständlich wie problematisch ist. Verständlich deshalb, weil sich andere wissenschaftliche Meinungsführer derselben Rhetorik bedienen und man ohne eine solche Sprache offenbar nicht miteinander kommunizieren könnte. Problematisch, weil die Beschwörung der Synthese vom Kerngeschäft ablenken kann und zu einer Zeit vorgeführt wird, in der sie auf zunehmende Skepsis stösst.

Die beiden Texte, die hier als Grundlage für eine Gegenüberstellung dienten, betreffen ähnliche Themen (formelles Verhalten), doch ihr Anspruch und ihre konkrete Anwendung könnten stärker kaum differieren. Die Modellvorstellung von einem epocheübergreifenden Zivilisationsprozess leidet unter ideologischen Altlasten und bietet keine präzisen Kriterien für die behauptete Entwicklung zur Selbstkontrolle. Ob eine Zivilisierung des menschlichen Verhaltens »auch an einem bestimmten Ort« (wie im Zürcher Oberland) stattfand, ist eine Problemstellung, die angesichts des Allgemeinheitsanspruchs des Modells unangemessen erscheint und nicht zwischen Allgemeinem und Besonderem zu unterscheiden erlaubt. Gerade zu einer solchen Unterscheidung kann der zweite Text anregen. Er beginnt mit der Entdeckung einer sprachlichen Distanzierungspraktik, die zunächst peripher anmutet, durch ihre anhaltende Dynamik aber klar an Interesse gewinnt. Bei der komparativen Betrachtung des Phänomens treten neue Varianten hervor und mit ihnen die Frage nach den Grenzen der Generalisierbarkeit. Der genaue Blick auf einen an sich vertrauten Gegenstand setzt mit anderen Worten einen echten Forschungsprozess in Gang.

Carlo Ginzburg hat schon vor einiger Zeit die erkenntnistheoretische Bedeutung von Indizien unterstrichen in einem Essay, der die bewusste Verwendung solcher Anzeichen in den Humanwissenschaften seit dem späten 19. Jahrhundert skizziert und dieses »Indizienparadigma« mit dem »systematischen

---

27 Aus der breiten Debatte: Lehmann 1995; Hardtwig/Wehler 1996; Burke 1997a; Hardtwig 1997; Wehler 1998a; Wehler 1998b.

Gedanken« konfrontiert.[28] Unsere Textauswahl wurde von ähnlichen Gesichtspunkten geleitet, doch die Schlussfolgerung zielt in eine andere Richtung. Wichtig am Indiz ist nicht nur, dass es potentiell eine grössere Welt spiegelt, sondern auch – und vor allem – dass es eine grössere Entwicklung fassbar machen kann (wie im Fall der venia-Formeln). Unabhängig von einer bestimmten gerade verfügbaren Synthese lässt sich durch den methodischen Bezug auf die Zeitachse eine gemeinsame Perspektive gewinnen. Es handelt sich um eine der möglichen Antworten auf den Vorwurf des Anekdotischen, dem die Kulturgeschichte ausgesetzt ist: Wenn sich ein Phänomen, und sei es ein scheinbar unbedeutendes Indiz, über längere Zeit verfolgen lässt, gewinnt es an historischem Profil und theoretischer Relevanz. Man kann daran ablesen, wo wir vormals waren und wo wir uns heute befinden.

---

28 Ginzburg 1988, S. 78–125.

§. 139.

Gregorische Ostergränzentafel von 1700-1900.

Gold. Z.	Epakte	Ostergränze	Gold. Z.	Epakte	Ostergränze
1.	*	13 April E	11.	XX	24 März F
2.	XI	2 Apr. A	12.	I	12 April D
3.	XXII	22 März D	13.	XII	1 April G
4.	III.	10 April B	14.	XXIII	21 März C
5.	XIV.	30 März E	15.	IV	9 April A
6.	XXV	18 April C	16.	XV	29 März D
7.	VI	7 April F	17.	XXVI	17 April B
8.	XVII	27 März B	18.	VII	6 April E
9.	XXVIII	15 April G	19.	XVIII	26 März A
10.	IX	4 April C			

Gregorianische Ostergrenzen für 1700–1900. Gatterer: Chronologie, 1777, S. 99.

3. Temporalitäten und Transitionen in der europäischen Geschichte der Familie: rivalisierende Ansätze

Einleitung: *Time Matters*

Time Matters ist der progammatische Titel einer vom US-amerikanischen Soziologen und Sozialtheoretiker Andrew Abbott 2001 publizierten Aufsatzsammlung. Die Aufsätze sind Teil seines lebenslangen Projekts, die Zeit als Leitkategroie der Sozialwissenschaften zu theoretisieren. Eine anschliessende Sammlung erschien 2016 unter dem Titel *Processual Sociology*. Darin wurden auch die Dimensionen von moralischen Urteilen und Werten hinzugefügt. Abbott ist allgemein anerkannt als wichtiger Pionier der empirischen Sequenzanalyse in den Sozialwissenschaften. Diese statistische Methodologie erlaubt die Beobachtung von grossen Samples von Individuen und Gruppen über die Zeit und hat einen Teil der aktuellen Familienforschung revolutioniert.[1]

Der folgende Artikel untersucht die Frage, ob und wie Abbotts theoretischer Input zur Zeitforschung auch zur Verbesserung der Familienforschung über die lange Dauer beitragen kann. Ist sein kurzfristiger Ansatz brauchbar für langfristige Studien, und auf welche Weise? Natürlich gibt es viele Überlegungen zu zeitbezogenen Themen von Historikern. Doch sie betreffen gewöhnlich spezifische Probleme und Bereiche. Abbotts Ansatz ermöglicht eine Zeit-Diskussion auf einer generelleren Ebene und für den Bereich der historischen Familienforschung, bei der es an temporalen Reflexionen mangelt. Der erste Abschnitt gibt eine Einführung zu Abbotts Theoriearbeit mit Fokus auf der Beziehung zwischen Soziologie und Geschichte. In den folgenden Abschnitten präsentiere und untersuche ich ausgewählte kollektive Standardpublikationen zur europäischen Geschichte der Familie in den letzten fünf Jahrhunderten bezüglich temporaler Strukturen. Anschliessend kehren wir zu Abbott zurück und analysieren die rivalisierenden his-

Zuerst erschienen in englischer Sprache in: Genealogy 3/2 (June 2019), MDPI-Open Access Journal.
1 Widmer 2010; Blanchard/Bühlmann/Gauthier 2014.

torischen Ansätze im Licht seiner zeitbezogenen Ideen und Terminologie. Einige allgemeine Betrachtungen schliessen den Aufsatz ab.

Andrew Abbott: Theorie und Terminologie

Andrew Abbotts interessante Karriere begann in den 1970er und 1980er Jahren an der Grenze zwischen Soziologie und Geschichte. Er nahm an Tagungen der Social Science History Association teil und amtete später als Präsident dieser Gesellschaft in den Vereinigten Staaten. In seiner soziologischen Forschung wandte er sich gegen das, was er die »standard methods« nannte – mit ihrem auf zeitunabhängige Variablen ausgerichteten Approach und ihren zugrunde liegenden Annahmen über die gesellschaftliche Wirklichkeit. Er adaptierte und schrieb Computerprogramme zur Detektion von Regelmässigkeiten in sequenzieller Ordnung wie die »optimal matching«-Anwendungen, was ihn zu einem Pionier in diesem wachsenden Feld machte. Nachdem er sich in neuartiger Weise mit formalen Methoden auseinandergesetzt hatte, nicht ohne dabei auf Widerstand zu stossen, machte er einen weiteren Schritt in seinem Zeitprojekt von empirischer Methodik zur abstrakten Theorie. Anlässlich einer Einladung zu einer Soziologiekonferenz in Norwegen schrieb er ein Paper über *Temporality and Process in Social Life*.[2] Ich konzentriere mich hier auf diesen entscheidenden und unkonventionellen Schritt. Unkonventionell war er, weil Abbott ein zufälliges historisches Ereignis auswählte und es zur Illustration für eine Recherche in einem Bereich der Philosophie verwendete, den viele Soziologen und Historiker als weitgehend spekulativ betrachten würden.

Der Temporality-Aufsatz befasst sich vor allem mit ausgewählten Arbeiten über Prozess und Zeit der drei Philosophen Henri Bergson (1859–1941), George Herbert Mead (1863–1931) und Alfred North Whitehead (1861–1947). Auf der Basis einer kritischen Lektüre kommt Abbott zum Schluss, Zeit sei indexikalisch (zentriert auf die wahrnehmende Person), multipel (von verschiedenen, überlappenden Umfängen) und inklusiv (umfangmässig rangiert, aber immer konzentrisch). Die Vergangenheit wird kontinuierlich in der Gegenwart umgeschrieben und hängt von gegenwärtigen Interessen ab; gleichwohl kann das Durcheinander von Ansichten der verschiedenen Beobachter bis zu einem gewissen Grad stabilisert werden durch eine »curious stickiness of the past« (merkwürdige Klebrigkeit der Vergangenheit). Die Welt ist eine Welt von Ereignissen; sowohl individuelle wie soziale Strukturen werden von Augenblick zu Augenblick durch einen endlosen Fluss von Ereignissen hervorgebracht. Da Wandel den normalen Zustand bildet, ist er leicht zu erklären; erklärungsbedürftig ist die Stabilität.

---

2 Abbott 2001, S. 209–239.

Soweit die philosophischen Ergebnisse. Abbott diskutiert sie anhand des historischen Beispiels der Erfindung der Harpunenkanone für den Walfang, mit der die Tagungsteilnehmer in Norwegen zufällig bekannt gemacht wurden. Die Erfindung wird Svend Foyn (1809–1894) zugeschrieben und in der Studie *The History of Modern Whaling* von Tønnessen und Johnsen dargestellt.[3] Für Abbott ist die Geschichte der Harpunenkanone ein Indikator eines Übergangs zwischen zwei grossen Epochen des Walfangs um 1870: vormodern und modern. Die beiden Epochen unterschieden sich vor allem bezüglich Schiffstechnologie (Segelschiffe versus Dampfschiffe und Ruderboote versus Fangboote) sowie bezüglich der gejagten Tiere (Wale versus Finnwale). Ausgehend von dieser Periodisierung erscheint die Geschichte von Foyn im Aufsatz mehrfach zur Illustration von allgemeinen Fragen: Was meinen wir mit dem Wort »Gegenwart«? Wie erlangen wir Zugang zur Gegenwart, und welches ist ihre Dauer? Wie entsteht sie aus der unmittelbaren Vergangenheit? Verändert das Umschreiben der Geschichte das, was sich tatsächlich ereignete? Die kombinierten Einsichten von Bergson, Mead und Whitehead ermöglichen Antworten auf die meisten Fragen, die sich aus der Foyn-Story ergeben, und damit auch zur breiteren Beziehung von Geschichte und Soziologie. So die Schlussfolgerung von Abbott.[4]

Interessanterweise beschäftigt sich der Sozialtheoretiker jedoch nicht wirklich mit Historiografie. Für seine Überlegungen akzeptiert er die Walfangstudie von Tønnessen/Johnsen, ohne uns zu sagen, ob sie gut recherchiert und konstruiert ist und wie man sie eventuell mit avancierter Methodik verbessern könnte. Die Soziologie ist im Aufsatz weitgehend abwesend, scheint aber sein Hauptziel zu sein. Bergson, so hält Abbott fest, »demolishes the geometrical metaphors of paths and directions in decision making – the current foundation of game theory«.[5] Dieses einseitige Zielpublikum ist charakteristisch für die meisten Aufsätze in *Time Matters*. Das Register des Buchs nennt rund sechzig Forscher mit relevanten Arbeiten zum Argument. Die meisten von ihnen sind Soziologen, und eine erhebliche Anzahl kommt von der Philosophie; im Register finden sich aber lediglich zwei Berufshistoriker (Fernand Braudel und Immanuel Wallerstein).

Die Diskurskonfiguration ist also asymmetrisch. Das heisst aber nicht, dass die Geschichte keine Rolle spielt. Sie bildet einen wichtigen Ausgangspunkt für die Kritik der damals dominierenden soziologischen Methoden und Annahmen. An mehreren Stellen benutzt Abbott die Art, wie Historiker üblicherweise vorgehen, als Massstab für eine erneuerte Soziologie. Historiker folgen den Linien der Ereignisse und akzeptieren, dass diese verschwinden und in verwickelter Weise wieder zum Vorschein kommen können. Diese »followability« (Verfolgbarkeit) ist

---

3 Tønnessen/Johnsen 1959/1982.
4 Abbott 2001, S. 237.
5 Abbott 2001, S. 219.

für ihn eine zentrale Erklärungsform.[6] Die historische Methode könne zwar obskur (also nicht formalisiert) sein, aber sie ist auch »unimpeachable« (unanfechtbar), auch weil sie Raum für Kontingenz lässt.[7] Beim Versuch explizit zu machen, was Historiker meist implizit lassen, entwickelt Abbott eine differenzierte Terminologie. Das Register von *Time Matters* bietet auch hier eine praktische Übersicht. In der Tabelle habe ich die zeitbezogenen Stichworte mit drei und mehr Nennungen in dieser Quelle aufgelistet.

Zentrale zeitbezogene Termini im Register von *Time Matters*

event history methods
event structure analysis
events
– duration of
– narrative and positivist conceptions of
– nonoccurring
– orderability of
– sequences of

narrative
– as discourse
– as explanation
– master
– multicase
– single case
– sociological
– theoretical analysis of
narrative analysis
narrative concept
narrative level
narrative links (steps)
narrative model of reality
narrative patterns
narrative positivism
narrative sentences

past
– as gone
– for itself
– reality of
– rewriting of

period effects
period events
periodization

sequence analysis
sequence assumptions
sequence effects
sequences
– empirical categorization of
– of events
– formal description of
– modeling of
sequential model of reality

temporality
– layers of
– multiple
– origins of
– social nature of

time
– Markovian
– pacing of
time horizon
– assumptions
time series analysis

trajectories
– as causal regimes
– as structurally limited

turning point
– concepts of
– delimitations of
– duration of
– mathematical theory of
– as a narrative concept
– as subjective
– types of
turning point/trajectory model

---

6 Abbott 2001, S. 147.
7 Abbott 1991, S. 204–205.

Die zeitbezogene Basisterminologie umfasst: Ereignis, Narrativ, Vergangenheit, Periode/Periodisierung, Sequenz, Temporalität, Zeit, Trajektorie und Wendepunkt. Diese Begriffe sind Elemente eines kohärenten Theoretisierungsversuchs. Abbott definiert sie daher oft in besonderer Weise, in gewisser Distanz zum allgemeinen Sprachgebrauch. Historiker reflektieren selten in so differenzierter, genereller Weise über dieses Thema. Zeit ist ihr natürliches Medium, aber nicht ihr drückendes Problem. Periodisierungen werden zum Beispiel meistens in spezifischen Momenten diskutiert, wenn die konventionellen Rahmenbedingungen hinterfragt werden oder wenn die Konventionen einem breiten, nichtprofessionellen Publikum zu erklären sind.[8] Abbott spricht die Periodisierung dagegen auf einer allgemeinen Ebene an. Für ihn ist sie »the problem of deciding whether the beginnings of social sequences inhere in the social process itself or are simply an arbitrary aspect of the way we talk about that process«.[9] Periodisierung ist unvermeidbar und praktisch, aber schwierig und beunruhigend (worrisome). In einem Aufsatz über die *Historicality of Individuals* weist er auf den Umstand hin, dass Perioden wie das »Jazz-Zeitalter«, die »Depression«, die »Sechziger Jahre«, die »Reagan-Jahre« in erheblichem Mass von den gleichen Personen durchlebt wurden, die ihre verkörperten Geschichten und Erinnerungen in sich tragen, so dass die Perioden durch die Kohorten überblendet werden.[10]

Das ist bestimmt richtig. Die erwähnten Perioden machen jedoch einen improvisierten Eindruck, und mit einer Dauer von rund zehn Jahren sind sie alle kurz. Für lange Perioden spielt der Kohorten-Effekt eine geringe Rolle. Solchen langfristigen Zeiträumen wenden wir uns nun zu, um Abbotts Zeitprojekt für die europäische Familiengeschichte seit dem 16. Jahrhundert auf die Probe zu stellen.

Ausgewählte Publikationen zur Geschichte der Familie

Welche Publikationen sollen wir für den Test heranziehen? Fachzeitschriften scheinen für Beiträge zu Temporalitäten und Transitionen in der Familiengeschichte kein fruchtbares Terrain zu sein. Innerhalb der Akademie wird der

---

8 Die Neukonzeptionalisierung von Globalgeschichte, Deep History, Geschlechtergeschichte, Renaissance- und Frühneuzeitstudien und anderer Bereiche hat zu einer Reihe von meistens fallbezogenern Überlegungen von Historikern zur Periodisierung geführt, z. B. Landsteiner 2001; Osterhammel 2006a; Maynes/Walter 2012; Hauch/Mommertz/Opitz-Belakhal 2014; Le Goff 2014.

9 Abbott 2001, S. 291.

10 Abbott 2016, S. 3–15; in einem anderen Essay braucht Abbott auch die Periodenbezeichnungen »Progressive Era« und »Roaring Twenties« (Abbott 2016, S. 212).

zeitbezogene Rahmen meist implizit belassen.[11] Monographien zur Familiengeschichte aus einer Hand haben andere Nachteile. Sie variieren in hohem Mass und machen jede Wahl willkürlich. Ausserdem bieten sie grössere Probleme mit der Raumabdeckung als Werke von mehreren Autoren. Für den gegenwärtigen Zweck fokussiere ich daher auf kollektive Darstellungen der europäischen Familiengeschichte mit einem professionellen Status, aber mit einem erweiterten Zielpublikum von Historikern und interessierten Laien. Ausgehend von diesen Prämissen, verdienen drei Werke unsere Aufmerksamkeit:

- Philippe Ariès, Georges Duby (Gesamtherausgeber): *Histoire de la vie privée*, 5 Bde., Paris: Editions du Seuil, 1985–1987. Unsere Untersuchungsperiode seit 1500 wird in den Bänden 3 bis 5 behandelt, die 1900 Seiten umfassen und von 29 Historikern und Historikerinnen geschrieben und ediert wurden. Ausser dieser Originalversion, liegt das Werk auch in folgenden europäischen Sprachen vor, in Reihenfolge seines Erscheinens: Englisch, Italienisch, Deutsch, Niederländisch, Rumänisch, Portugiesisch, Spanisch, Finisch, Polnisch und vielleicht in weiteren Sprachen. Der Einfachheit halber brauche ich in diesem Artikel vor allem die deutsche Fassung (*Geschichte des privaten Lebens*).
- David I. Kertzer, Marzio Barbagli (Herausgeber): *The History of the European Family*, 3 Bde., New Haven: Yale University Press, 2001–2003. Die drei Bände stimmen überein mit unserer Untersuchungsperiode, enthalten zusammen 1230 Seiten und sind das Werk von 29 Autoren und Autorinnen. Beide Herausgeber sind Spezialisten zu Italien, die Publikation erschien gleichzeitg auf Englisch und Italienisch, anschliessend noch auf Spanisch; eine deutsche Fassung wurde angekündigt, aber nicht verwirklicht.
- Andreas Gestrich, Jens-Uwe Krause, Michael Mitterauer: *Geschichte der Familie*, Stuttgart: Alfred Kröner Verlag, 2003. Das Buch ist in drei chronologische Teile gegliedert; der Teil über die Neuzeit, der unsere Untersuchungsperiode betrifft, umfasst 290 Seiten und wurde von Gestrich verfasst, von dem auch die Einleitung stammt. Das Buch wurde als Beginn der neuen Reihe »Europäische Kulturgeschichte« präsentiert, doch die Reihe erhielt keine Fortsetzung und das vorliegende Werk erschien in keiner weiteren Sprache.

Zusammen bilden die drei Werke eine Art französisches, englisches, italienisches und deutsches Ensemble. Obwohl das Ensemble als ausgesprochen ungleich erscheint,[12] ist es in gewisser Weise gleichwohl repräsentativ für die verschiede-

---

11 Die führenden Journals *The History of the Family* und *Journal of Family History* publizieren in letzter Zeit zusammen etwa fünfzig Artikel pro Jahr; der letzte Artikel mit »periodization« im Titel liegt ein Vierteljahrhundert zurück (Smith 1995).

12 Die verschiedenen Titel sind dabei weniger wichtig als man annehmen könnte; das »private Leben« ist klar auf die Familie des 19. Jahrhunderts ausgerichtet; die *History of the European*

nen Strömungen der Familiengeschichte in Europa am Ende des 20. Jahrhunderts. Es widerspiegelt die Phase des »going public« der Forschung, nachdem sich diese in den vorangehenden Jahrzenten konsolidiert hatte. Gemessen an den vielen Übersetzungen war die *Geschichte des privaten Lebens* bei weitem der grösste Erfolg auf dem europäischen Büchermarkt, doch ihre Autorschaft und ihre geografische Reichweite waren nicht sehr europäisch. Vier Fünftel der Autoren waren Franzosen, und ihre Kapitel beschränkten sich zu einem grossen Teil auf Frankreich. Das Basiskonzept und die Initiative zum Werk kamen von Philippe Ariès, der in den 1960er Jahren mit der Geschichte der Kindheit berühmt geworden war. Die *History of the European Family* von Kertzer/Barbagli reflektierte vor allem eine angelsächsische Tradition, symbolisiert durch die »Cambridge Group for the History of Population and Social Structure« und die Person von Peter Laslett. Viele Autoren waren Professoren in den Vereinigten Staaten mit einem europäischen Hintergrund. Die weiteren Autoren kamen aus sieben weiteren Ländern, was klar anzeigt, dass es die europäischste Produktion war. Dagegen repräsentierte Gestrichs *Geschichte der Familie* ein kleineres Projekt des deutschsprachigen Raums, das auf der internationalen Ebene unterging. Es nahm verschiedene Traditionen auf, besonders den Ansatz des österreichischen Historikers Michael Mitterauer, der den Teil zum Mittelalter verfasste.

Man könnte in dieser Exploration natürlich weitere Bücher berücksichtigen, doch mit Blick auf die Machbarkeit scheint es sinnvoll, es bei diesen zu belassen.[13] Wie gehen die drei Werke mit Temporalitäten und Transitionen um? Zur Beantwortung dieser Frage müssen wir besonders die Einleitungen beachten, welche die kollektiven intellektuellen Anstrengungen präsentieren und zusammenhalten sollten.

Ariès/Duby: Trennung von privat und öffentlich

Philippe Ariès, der Hauptinitiant der *Geschichte des privaten Lebens*, verstarb während des Vorhabens. Postum wurde sein Beitrag zu einem Kolloquium von 1983 aufdatiert und als Einleitung des Frühneuzeit-Bandes verwendet. Von anderen Historikern geschriebene, kürzere Einleitungen zu den verschiedenen

---

Family geht ebenfalls über das eigentliche Familienleben hinaus, um dieses in einen weiteren Kontext zu stellen.

13 Die 1986 erschienene *Histoire de la famille* von Burguière/Klapisch-Zuber/Segalen/Zonabend greift zum Beispiel geografisch weit über Europa hinaus, so dass ich die *Geschichte des privaten Leben* aus den gleichen Jahren vorziehe.

Teilen dieses Bandes und der folgenden Bände ergänzten seinen Text.[14] Das zentrale Modell beginnt mit einem Vergleich zwischen zwei Perioden, aus argumentativen Gründen in vereinfachter Form: (1) Im Spätmittelalter, also im 14. und 15. Jahrhundert, befanden sich die einzelnen Personen in einem Netz von feudalen und kommunalen Solidaritäten. Sie und ihre Famillien bewegten sich in den Grenzen einer Welt, »die nicht ›privat‹ und nicht ›öffentlich‹ war – weder in dem Sinne, in dem wir heute diese Begriffe gebrauchen, noch in dem anderen Sinne, den ihnen die Neuzeit eingeprägt hatte«. Obwohl es in diesen kleinen Gesellschaften auch Nischen für Intimität gab, spielte sich ein grosser Teil des Alltagslebens öffentlich ab. Im 19. Jahrhundert waren die Menschen dagegen sehr viel zahlreicher und anonymer. Arbeit, Freizeit und Familie bildeten nun unterschiedliche, gegeneinander abgegrenzte Bereiche. Die Männer und Frauen strebten grössere Freiheit zur Lebensgestaltung an und zogen sich ins Refugium der Familie zurück. Diese Familien waren kleiner als die früheren und bildeten den Kern eines ausgeprägten Privatlebens.[15]

Ariès beschreibt den Übergang zwischen den beiden Konfigurationen nicht als eine gleichmässige Evolution und schlägt eine Modifikation der üblichen Periodisierung vor. Statt des gewöhnlich genannten Wendepunkts um 1500 sieht er einen wirklichen Wandel der fundamentalen Mentalitäten erst am Ende des 17. Jahrhunderts. »Zu diesem Schluss bin ich bei meinen Forschungen über den Tod gelangt. Dieses Modell zeigt, dass die Periodisierung der politischen, Sozial-, Wirtschafts- und sogar Kulturgeschichte sich nicht mit den Geschichtsschritten der Mentalitäten deckt.« Nach dieser Wende um 1700 entwickelte sich im Laufe des 18. Jahrhunderts die Unterscheidung zwischen privat und öffentlich und dann das bürgerlich-private Familienleben.[16]

Gemäss dieser Vorstellung bildete die Expansion des Staates seit dem 15. Jahrhundert die hauptsächliche treibende Kraft. Sekundiert wurde sie durch neue, intimere Formen der Religiosität und durch die Verbreitung der Literalität und von individuellen Lesepraktiken in der Bevölkerung. Der Staat und sein Rechtsapparat griffen mehr und mehr in die soziale Sphäre der Gemeinden ein, zuerst nur theoretisch, im 18. Jahrhundert auch praktisch. Der Staatseinfluss veränderte den weit verbreiteten Wettbewerb der Ehre und Prachtentfaltung. Das Duellieren wurde unter Androhung der Todesstrafe verboten, und Luxusgesetze

---

14 Ariès/Duby 1989–1993, Bd. 3, S. 7–19 (von Philippe Ariès), 23–27, 168–171, 406–409, 610–612 (von Roger Chartier); Bd. 4, S. 7–11, 15–17, 99–109, 631–634 (von Michelle Perrot); Bd. 5, S. 9–13 (von Gérard Vincent).

15 Ariès/Duby 1989–1993, Bd. 3, S. 7–8; im Vorwort zum Gesamtwerk nennt Georges Duby einen weniger akzentuierten Ausgangspunkt; demnach habe der gesunde Menschenverstand zu allen Zeiten und an allen Orten eine Unterscheidung zwischen öffentlich und privat gemacht (Ariès/Duby 1989–1993, Bd. 1, S. 8).

16 Ariès/Duby 1989–1993, Bd. 3, S. 7, 407.

bestimmten die Kleiderordnung. Mittels vom König unterzeichneten und besiegelten *lettres de cachet* konnten sich Hausvorstände an die Staatsgewalt wenden, um die Familienangelegenheiten nach ihrem Willen zu arrangieren und mühsame Rechtsprozeduren zu vermeiden. Wie beeinflussten diese Veränderungen – getrieben durch Staat, Religiosität und Literalität – die Mentalitäten der Leute? Ariès identifizierte sechs »Indizien der Privatisierung«, das heisst unterschiedliche Beobachtungsgebiete: Manieren, Selbsterkenntnis, Einsamkeit, Freundschaft, Geschmack und Hausbau. Der letzte Punkt bezieht sich beispielsweise auf die Vermehrung der Räume mit spezialisierter Funktion und auf die neuen Verbindungsräume, so dass man ein Zimmer betreten oder verlassen konnte, ohne durch ein anderes gehen zu müssen.[17]

Die skizzierten Argumente beziehen sich vor allem auf die Frühneuzeit und auf den entsprechenden, von Ariès eingeleiteten Band der *Geschichte des privaten Lebens*. In den zwei weiteren Bänden zum 19. und 20. Jahrhundert wurden sie in abnehmendem Mass und einer mehr impliziten Weise berücksichtigt. Die Französische Revolution wird als Zeit geschildert, in welcher die Grenzen zwischen dem öffentlichen und privaten Leben sehr unstabil waren. Die Entwicklung in Richtung einer positiv bewerteten häuslichen Privatsphäre wurde durch eine plötzliche, massive Forderung nach Transparenz unterbrochen. Der öffentliche Geist der Revolution musste jede Ecke der Gesellschaft durchdringen und ganz neue Menschen für eine neue Welt hervorbringen. Besondere Rückzugsorte und Interessen wurden als potenzielle Gefahren eingestuft, die leicht zu Komplott und Verrat führen konnten. Doch auf längere Sicht begünstigten die Aufblähung der öffentlichen Sphäre und die Politisierung des Alltagslebens die Grenzziehung zwischen öffentlich und privat und den Rückzug der Familie in eine separate Sphäre. Mit der aufkommenden Romantik begann gemäss der Studie das »Goldene Zeitalter des Privaten«, als die Freuden des häuslichen Leben in bürgerlicher Theorie und Praxis geschätzt wurden. Der Staat hielt sich von Interventionen in diesen Bereich zurück – eine Situation, die sich im Laufe des 20. Jahrhunderts änderte, als die öffentlichen Behörden mittels Sozialgesetzgebung, Versicherung und Subentionen zunehmend in Familienangelegenheiten eingriffen. Die Privatsphäre scheint staatlich durchsetzt und im Vergleich zur Vorperiode zurückgedrängt worden zu sein.[18]

In sehr kurzer und vereinfachter Form zusammengefasst, erzählt die *Geschichte des privaten Lebens* die Geschichte einer privaten Sphäre, die im 18. Jahrhundert aus einer mehr oder weniger gemischten öffentlich-privaten Soziabilität entstand,

---

17 Ariès/Duby 1989–1993, Bd. 3, S. 9–13.
18 Ariès/Duby 1989–1993, Bd. 4, S. 7–11, 15–17; für diese politischen Konjunkturen auch die beiden Kapitel auf S. 15–93 (von Lynn Hunt und Catherine Hall); für das 20. Jahrhundert: Ariès/Duby 1989–1993, Bd. 5, S. 9–13.

im 19. Jahrhundert nach einer dramatischen Revolutionsphase triumphierte und im 20. Jahrhundert durch den Staat erfasst und beschränkt wurde. Die Familie wurde auf der privaten Seite zum Hauptprotagonisten dieser Entwicklung und unterlag einem Schrumpfungsprozess. Man muss jedoch betonen, dass sich dieses Modell vor allem in den einleitenden Teilen und nicht so sehr in den verschiedenen Kapiteln zum Tragen kommt. Die Autoren respektierten das Modell von Ariès als Ausgangspunkt, doch sie genossen grosse Freiheit, es in ihre eigene Richtung zu entwickeln. Kritiker waren beeindruckt vom farbenreichen Panorama des Werks, gelegentlich aber auch irritiert von seinem Mangel an Kohärenz.[19]

Kertzer/Barbagli: Divergenz und Konvergenz

Das zweite Werk unserer Auswahl, die von Kertzer/Barbagli herausgegebene und eingeleitete *History of the European Family* macht einen geschlosseneren, akademischen Eindruck. Jeder der drei Bände (1500–1789, 1789–1913, 20. Jahrhundert) ist in vier Teile gegliedert: (1) Ökonomie und Familienorganisation; (2) Staat, Kirche und Familie; (3) Demografische Kräfte; (4) Familienbeziehungen. Diese Teile werden in den Bänden von einer variierenden Anzahl von Kapiteln abgedeckt. Die Einleitungen sind länger als diejenigen in Ariès/Duby, und sie sind deskriptiver und systematischer. Neben der eigentlichen Familiengeschichte behandeln sie auch die allgemeinen Rahmenbedingungen bezüglich Bevölkerung, Urbanisierung, Agrarstrukturen, Religion, Staatlichkeit usw. Der Ansatz wird von den Herausgebern als komparativ bezeichnet und widmet der Zusammensetzung der Haushalte viel Aufmerksamkeit. Die Leitfrage betrifft die Ähnlichkeit von Haushalt und Familie über die Zeit: Kann man im Familienleben Europas – vom Atlantik bis zum Ural – in den fünf untersuchten Jahrhunderten eine Divergenz oder eine Konvergenz feststellen?[20]

Die Einleitung des Frühneuzeit-Bandes beginnt mit einer Warnung vor weitverbreiteten stereotypen Bildern über das vormoderne Europa: »In newspapers, on television, in daily conversations, the large and stable patriarchal family in which all people in the past spent their lives is continually contrasted with the state of families now: small, fragile, and having few if any children.« Obwohl der Kontrast gemäss den Herausgebern einige der grossen Unterschiede widergeben kann, ist er weit davon entfernt, genau zu sein. Das dichotomische Bild entspricht dem in der Sozialwissenschaft lange populären Modernisierungstheorem, das die »traditionelle« von der »modernen« Familie trennt. Der Wendepunkt wurde üblicherweise in den Jahrzehnten um 1800 angesetzt. Die für dieses Werk ge-

---

19 Quilligan 1989.
20 Kertzer/Barbagli 2001–2003, Bd. 1, S. IX–XXXII; Bd. 2, S. IX–XXXVIII; Bd. 3, S. XI–XLIV.

wählte Periodisierung bezieht sich ebenfalls auf dieses Datum (1789 bildet die Grenze zwischen dem ersten und dem zweiten Band), doch Kertzer/Barbagli machen klar, dass sie die Dichotomie zurückweisen:»Certainly, no one can doubt the fact that the industrial revolution and the French Revolution each produced great changes in people's family lives, as they did in economic, social, and political life in many European countries. But it is wrong to think that any simple passage from a ›traditional‹ to a ›modern‹ family took place in the period, just as it is an error to look for a single sharp turning point.«[21]

Das 19. Jahrhundert bildete, wie die Herausgeber bemerken, eine Periode des präzedenzlosen Wandels. Der Wandel der Familie ist komplex und lässt sich nicht mit monofaktoriellen Theorien erfassen. Die Transformationen hatten einen vielschichtigen Charakter und ihre genaue Chronologie variierte. Sogar innerhalb eines besonderen Felds wie der Familiengesetzgebung gab es keine einheitliche Zäsur. In gewisser Weise begünstigten die Industrialisierung und Urbanisierung den familiären Zusammenhalt, statt ihn zu gefährden, wie viele Sozialreformer damals befürchteten. Der Anteil der Bevölkerung, die in grossen, komplexen Haushalten lebten, nahm während des 19. Jahrhunderts in mehreren Regionen zu statt zurückzugehen, oft aufgrund des demografischen Drucks, der zu überfüllten Wohnungen führte. In den letzten Dekaden vor 1900 begann jedoch in vielen Teilen Europas eine Vereinfachung der Haushalte. Laut Kertzer/Babagli bildet der beginnende Rückgang der Fruchtbarkeit in dieser Periode den wichtigsten Einzelfaktor des familiären Wandels. Unterbrochen durch einige Aufschwünge, besonders bei Kriegsende, ging die Fruchtbarkeit im 20. Jahrhundert weiter zurück. In den späten 1990er Jahren lag die Zahl der Geburten dann in fast jedem dritten europäischen Land unter der Zahl der Todesfälle. Das 20. Jahrhundert sah auch eine markante Reduktion der Durchschnittsgrösse der Haushalte und die Vervielfachung der kleinen. Beschleunigt wurde die Schrumpfung durch den raschen Rückgang der häuslichen Bediensteten, die früher weitverbreitet waren.[22]

Der Rückgang der Herr-Diener-Beziehung im Haushalt bildete ein Element eines generellen Trends gegen Machtasymmetrie und für familiäre Gleichheit bezüglich Alter und Geschlecht. Er kann unter anderem am Wandel der Familiengesetzgebung abgelesen werden, welcher dem Wandel im wirklichen Leben je nach Land voranging oder folgte. In ganz Europa wurden die Gesetze bezüglich Heirat, Mann-Frau- und Eltern-Kind-Beziehungen, Vererbung, Scheidung und nicht-ehelicher Kinder im 20. Jahrhundert radikal verändert. »The traditional conception of the patriarchal family founded on marriage, which underlay the

---

21 Kertzer/Barbagli 2001–2003, Bd. 1, pp. X–XII, XIX–XX; vgl. auch Bd. 2, S. 40–44, 67–68 für Kertzers Ansicht zur »Entmystifizierung« der frühneuzeitlichen Haushaltsstruktur durch Peter Laslett.
22 Kertzer/Barbagli 2001–2003, Bd. 2, v. a. S. XXIII, XXXII–XXXIV, XXXVII.

old codes, was gradually abandoned and substituted by another conception that assigned less importance to marriage and gave the spouses reciprocal rights and responsibilities.« Die letzten drei Dekaden des Jahrhunderts waren Zeugen einer raschen Beschleunigung dieser Trends und liessen neue Familientypen entstehen. Kertzer/Barbagli nennen: Kohabitation von nicht verheirateten Paaren, aus früheren Ehen neu formierte Familien und gleichgeschlechtliche Verbindungen. Diese Typen hatten zwar Vorläufer, erschienen nun aber in neuen, viel häufigeren und sichtbaren Formen.[23]

Die Leitfrage der *History of the European Family* betrifft die regionale Ähnlichkeit von Haushalt und Familie während der fünfhundertjährigen Untersuchungsperiode. Die Herausgeber kommen zum Schluss, dass sich die Entwicklung in drei Perioden und in Form einer Kurve darstellen lässt. Demnach nahmen die Differenzen zwichen den verschiedenen Teilen des Kontinents zwischen 1500 und 1800 deutlich zu. Im 19. Jahrhundert kann man sowohl divergente wie konvergente Tendenzen beobachten, an seinem Ende waren die regionalen Unterschiede aber weiterhin enorm. Das 20. Jahrhundert war dagegen im Wesentlichen von einer Konvergenz des europäischen Familienlebens gekennzeichnet.[24]

Gestrich/Krause/Mitterauer: übergangsloser Wandel

Das dritte Werk unserer Auswahl ist anders konzipiert. Während die beiden erwähnten Werk jeweils drei Bände für unsere Untersuchungsperiode haben, behandelt Andreas Gestrichs *Geschichte der Familie* etwa fünfundzwanzig Jahrhunderte von der Antike bis in die Jahre um 2000 in einem einzigen Band. Seine Einleitung bezieht sich auf diese ganze Zeitspanne, und sein eigener Beitrag zur Neuzeit seit 1500 hat weder eine separate Einleitung noch eine Konklusion. Michael Mitterauer, der den mittelalterlichen Teil verfasste, kritisierte die traditionellen chronologischen Grenzen, die dem Band zugrunde gelegt wurden: »Die Epoche ›Mittelalter‹ wurde aufgrund von Kriterien konstruiert, die für die Geschichte von Familie und Verwandtschaft ohne Bedeutung sind. Innerhalb konventioneller Epochengrenzen bekommt man nur einen beschränkten Ausschnitt grösserer Entwicklungszusammenhänge in den Blick.«[25] In seinem Text skizzierte Mitterauer einen sehr langfristigen Wandel der Verwandtschaftsterminologie, der einen tieferen Wandel des familiären Verhaltens anzeige. In einer ersten Phase scheinen die verschiedenen Sprachen unterschiedliche Bezeichnungen für Verwandte der väterlichen und mütterlichen Seite gebraucht zu haben. Der Vaterbruder hatte zum

---

23 Kertzer/Barbagli 2001–2003, Bd. 3, v. a. S. XXIV, XXX–XXXVII.
24 Kertzer/Barbagli 2001–2003, Bd. 3, S. XXXVII–XLIV.
25 Gestrich/Krause/Mitterauer 2003, S. 356.

Beispiel eine andere Bezeichnung als der Mutterbruder. Dieses »bifurkativ-kollaterale« System verwandelte sich allmählich in ein »lineares« System, das die Verwandten von beiden Seiten gleich bezeichnete (in diesem Fall mit »Onkel«). Diese
parallele Klassifikation erschien zuerst im klassischen Griechenland seit dem 5.
vorchristlichen Jahrhundert und verbreitete sich dann in einer europäischen
Sprache nach der anderen bis ins 19. und 20. nachchristliche Jahrhundert. Gegenwärtig bestehe das bifurkativ-kollaterale System noch im Balkan nahe bei
Griechenland.[26]

Gestrich betont in seiner Einführung zum Band ebenfalls die Bedeutung der
Verwandtschaft, die in der historischen Forschung lange vernachlässigt wurde.
Nach seiner Meinung sind Vergleiche mit nicht-europäischen, von Anthropologen untersuchten Gesellschaften zentral für die Fortschritte der europäischen
Familiengeschichte. Er beginnt mit einem Abschnitt zu »Familie und Verwandtschaft«, der die Leserschaft über bilineare, matrilineare und patrilineare
Systeme informiert. Matrilinearität war in Europa nicht anzutreffen, wohl aber
etwa bei Indigenen in Nordamerika (Hopi, Irokesen, Navajo) und in afrikanischen Regionen. In seinem Text über die europäische Neuzeit geht Gestrich
allerdings nicht oft auf das Thema Verwandtschaft ein. Er erwähnt die Zunahme
von Verwandtschaftsehen zwischen der Mitte des 18. Jahrunderts und dem
späten 19. Jahrhundert. Ganz am Ende des Beitrags diskutiert er die verwandt-
schaftliche Hilfe und Wahrnehmung, vor allem aufgrund von aktuellen soziologischen Untersuchungen in einigen europäischen Städten: »Verwandtschaft ist
also auch in modernen Gesellschaften noch von hoher Bedeutung, wenngleich
durch die sinkende Geburtenzahl das Verwandtschaftsnetzwerk, über das eine
Person verfügen kann, in den letzten Jahrzehnten deutlich kleiner geworden
ist.«[27]

Die Chronologie spielt in Gestrichs Darstellung der neuzeitlichen Familiengeschichte kaum eine Rolle als Strukturprinzip. Er unterteilt sie in drei Teile mit
einem Total von sieben Kapiteln – alle zehn Titel beziehen sich auf verschiedene
Dimensionen des Themas, nicht auf historische (Unter-)Perioden. Solche Perioden beginnen zögernd erst bei den Titeln dritter Ordnung. Zwei von zwei-
unddreissig Abschnitt-Titeln betreffen eine Zeitspanne, nämlich das 19. und
20. Jahrhundert im Kontrast zu Frühneuzeit (die gelegentlich mehr als Baustein
zur Charakterisierung der folgenden Jahrhunderte erscheint als als eigener Un-
tersuchungsgegenstand).

Der erste Teil dieses enzyklopädisch anmutenden Berichts ist überschrieben
mit »Faktoren und gesellschaftlicher Kontext des Wandels der Familie in der
Neuzeit« und eignet sich am besten zur Erkundung der temporalen Struktur. Er

---

26 Gestrich/Krause/Mitterauer 2003, S. 166–181.
27 Gestrich/Krause/Mitterauer 2003, S. 5–9, 492–494, 639–642.

beginnt mit normativen Aspekten des Familienlebens und relativiert die neue Wertschätzung der Ehe, die oft Luthers Reformation zugeschrieben wird. Laut Gestrich erhielt die Ehe schon in vorangegangen Jahrzehnten und Jahrhunderten Zuspruch, zum Beispiel durch Humanisten, welche das Ehepaar und die Familie als eine Gott genehme Institution priesen. So gesehen, setzte die Reformation nur bestehende Tendenzen in einer teilweise radikaleren Weise fort.[28]

Das nächste Kapitel behandelt Thesen zur Familiengeschichte, die hauptsächlich von Soziologen vertreten werden: (1) Kontraktion der Familie als Folge von Industrialisierung? Gestrich korrigiert diese aus dem 19. Jahrhundert stammende Idee, indem er die Vielzahl der implizierten Faktoren und die jüngste historische Forschung zu vormodernen Haushalten ins Treffen führt. (2) Funktionsverlust der Familie in der Moderne? Die funktionelle Differentierung trennte im 19. und 20. Jahrhundert in vielen Branchen das Familien- vom Berufsleben und machte aus der häuslichen Sphäre einen Raum des Konsums und der Privatheit. Zur gleichen Zeit brachte sie aber auch den neuen unbezahlten Hausfrauenberuf hervor. Statt von einem »Funktionsverlust« sollte man besser neutral von einer »Funktionsentlastung« oder einem »Funktionswandel« sprechen. Der Wandel setzte vor dem industriellen Aufschwung ein, und die Familien gaben nicht nur Kompetenzen ab, sondern erhielten auch neue. (3) De-Institutionalierung der Familie in jüngster Zeit? Die massive Zunahme von Ein-Personen-Haushalten in europäischen Städten, besonders seit den 1980er Jahren, könnte als radikaler Bruch mit der Vergangenheit erscheinen. Die regionale Verbreitung reflektiert jedoch auch jahrhundertalte Besonderheiten, so dass die Zäsur weniger dramatisch ist als gewöhnlich angenommen. Die jüngsten Entwicklungen sind nicht durch eine De-Institutionalisierung der Familie, sondern höchstens durch eine Pluralisierung der Haushaltsformen charakterisiert.[29] Wirklicher Wandel ist mit anderen Worten schwer ausfindig zu machen.

Divergierende Darstellungen

Die drei Fassungen der europäischen Familiengeschichte vom 16. bis zum 20. Jahrhundert, die im vorigen Abschnitt präsentiert wurden, sind sehr unterschiedlich. Sie behandeln ein und dasselbe Thema, divergieren aber in der temporalen Struktur, bei den bevorzugten Kriterien und in vielen anderen Hinsichten. Gestrichs historische Zeit hat wenig Konturen, nicht einmal die Französische Revolution erscheint als Name oder Jahrzahl in einer Kapitel-

---

28 Gestrich/Krause/Mitterauer 2003, S. 371.
29 Gestrich/Krause/Mitterauer 2003, S. 387–405; dieses Kapitel ist teilweise von Gestrich 1999, pp. 59–75, übernommen.

überschrift. Ariès braucht die Revolution als Zeitmarke, im französischen Original heisst der Band zum 19. Jahrhundert *De la Révolution à la Grande Guerre* (in der dramatisierenden englischen Version *From the Fires of the Revolution to the Great War*). Seine wirkliche Absicht ist es jedoch, die Jahre um 1700 in der Regierungszeit von Ludwig XIV. als Beginn einer neuen Epoche vorzuschlagen, die dann zur ausgeprägten Trennung von öffentlichem Staat und privater Familie des 19. Jahrhunderts führen sollte. Er rechtfertigt den neuen Ansatz mit seiner Erfahrung in der Mentalitätsgeschichte und wendet ihn gegen die gewöhnliche Epochenschwelle um 1500 mit der oft zitierten Expansionsbewegung (Kolumbus) und der Reformation (Luther). Kertzer schliesslich akzeptiert den Beginn der »Neuzeit« ohne viel Rechtfertigung. Allerdings bemerkt er kurz, dass der einsetzende Protestantismus wichtige normative Änderungen mit sich brachte – die Gestrich seinerseits zu relativieren versucht. Es gibt bestimmt viele Gründe für solche Differenzen zwischen den Publikationen im ganzen Prozess der Forschung, Darstellung und Veröffentlichung. Ich nenne hier drei davon: Quellen, Pädagogik und Buchformat.

Quellen: Die Gattung der kollektiven, zusammenfassenden, für eine weitere Leserschaft geschriebenen Bücher basiert meistens auf Sekundärliteratur und nicht direkt auf historischen Quellen. Indirekt widerspiegelt sich der Wandel der Quellenlage über die fünf behandelten Jahrhunderte jedoch in allen Fällen. In diesem Zeitraum verwandelte sich die Knappheit von Daten in eine Fülle oder sogar in einen Überfluss. Historiker des 16. Jahrhundert müssen mit viel weniger Quellen auskommen als Historiker des 20. Jahrhunderts. In einem bestimmten Mass gab es auch einen Wandel von räumlicher Heterogenität zu einer vermehrten Homogenität. Ein »europäisches« Buch, das von Frankreich ausgeht (Ariès/Duby), steht anderen Ausgangsbedingungen gegenüber als eines, das vom deutschsprachigen Raum ausgeht (Gestrich/Krause/Mitterauer). Die Herausgeber und einige Autoren in Kertzer/Barbagli interessieren sich in der Tradition von Peter Laslett stark für Haushaltslisten, Kirchenbücher und andere quantifizierbare Dokumente, die während der Neuzeit in zunehmendem Umfang verfügbar wurden.

Pädagogik: Das Dezimalsystem der chronologischen Zeitrechnung hat die Temporalität der drei Publikationen grundlegend beeinflusst. Kertzer/Barbagli nehmen die Einteilung in Jahrhunderte, zusammen mit einigen Variationen, als Kriterium für ihre Bandeinteilung. Die drei Bände heissen *Family Life in Early Modern Times 1500–1789, Family Life in the Long Nineteenth Century 1789–1913, Family Life in the Twentieth Century*. Das »lange« Jahrhundert ist natürlich eine Kompromissformel, die sowohl auf die Willkürlichkeit der Periode (basierend auf dem Dezimalsystem) wie auch auf eine von vielen Leuten erinnerte Zäsur abzielt (hier der Beginn des Ersten Weltkriegs). Die Herausgeber betrachten die

Formel als gut bekannt und keiner Erklärung bedürftig.[30] Einen zweiten Punkt, den wir pädagogisch nennen können, ist der Umstand, dass die Darstellung einer bestimmten Zeitspanne ausführlicher wird, je näher wir der Gegenwart kommen. Diese gängige Form der Prioritätensetzung berücksichtigt einerseits das Interesse für Geschichte um ihrer selbst willen, andererseits das Interesse an der gelebten Gegenwart und möglichen Zukunft der Lesenden. Bei Kertzer/Barbagli belaufen sich die Seitenzahlen pro behandeltem Jahr auf 1,3 für den ersten Band, 3,4 für den zweiten und 5,2 für den dritten. Bei Ariès/Duby sind die gegebenen Daten weniger explizit, doch die Zunahme der Ausführlichkeit ist ähnlich oder sogar grösser.

Buchformat: In Verbindung zum letzten Punkt steht die Frage des Buchformats. Wir haben gesehen, dass Gestrich eine auffällige Abneigung gegenüber klarer Periodisierung hat. Es ist nicht ausgeschlossen, dass sie durch den allgemeinen Rahmen seines Projekts gefördert wurde. Gestrich wollte zuerst die ganze Zeitspanne von der Antike bis in die Gegenwart in einem handlichen Band präsentieren. Während der Arbeit wuchs das Buch jedoch über die angepeilte Länge hinaus. Mit seinen 290 Seiten für die Neuzeit ist der Text gleichwohl viel kürzer als die 1230 und 1900 Seiten der angelsächsischen und französischen Werke, die je drei Bände aufweisen. Die Notwendigkeit, für die verschiedenen Bände eine chronologische Definition zu finden, stellte sich für Gestrich nicht. Stattdessen fühlte er möglicherweise das Bedürfnis, sich dem mittelalterlichen Teil des Buchs von Mitterauer anzupassen, der ebenfalls nicht chronologisch gegliedert war.

Alles in allem scheinen praktische Überlegungen die Behandlung der historischen Zeit stark geprägt zu haben. Dies wird unterstrichen durch die Beobachtung, dass die drei Publikationen keinen theoretischen Input zur Temporalität in einem mehr allgemeinen Sinn referieren. Andrew Abbott dagegen, der am Anfang dieses Artikels vorgestellte Gesellschaftstheoretiker, interessiert sich primär für solche Fragen. Wie erwähnt, geht es ihm bei der Periodisierung um den Entscheid, ob bestimmte Sequenzen einem sozialen Prozess inhärent sind oder ob die Periode nur einen willkürlichen Aspekt des Redens über diesen Prozess bildet. Die bisher präsentierten Ergebnisse reihen sich zweifellos auf der »willkürlichen« Seite ein. Doch kehren wir ganz zu seinem Ansatz zurück.

---

30 Die ungewöhnliche Wahl von 1913 anstatt 1914 wird im ersten Satz angesprochen; der Band behandle Europa von der Französischen Revolution bis zum *nahenden* grossflächigen Krieg.

Vereinheitlichung durch Theorie?

Abbott ist ein Pionier der Sequenzanalyse in den Sozialwissenschaften, die einen Teil der Familiensoziologie revolutioniert hat. Soweit die zeitbezogenen statistischen Methoden auch auf Daten des 19. Jahrhunderts und der Frühneuzeit anwendbar sind und angewandt werden, hat sein Werk einen unmittelbare Wirkung auf die langfristige Geschichtsschreibung.[31] Hier erörtern wir aber die Frage, ob und wie Abbotts *theoretischer* Input die Untersuchung von langfristigen Studien des häuslichen Bereichs verbessern kann. Mit ihrem Streben nach Kohärenz nimmt die Theorie die Terminologie in die Pflicht. Dieser Punkt soll den Anfang machen.

Für Abbott ist Wandel allgegenwärtig und komplex. Er umfasst vielfältige, kontingente Sequenzen oder Linien von Ereignissen, die sich mit verschiedenen Geschwindigkeiten bewegen. Die einen sind von längerer, die anderen von kürzerer Dauer. Fernand Braudel hat die Geschichte bekanntlich in Struktur, Konjunktur und Ereignisse unterteilt, allerding ohne die Beziehungen zwischen diesen drei Schichten zu theoretisieren.[32] Um eine solche vielschichtige Theorie voranzubringen, kann man die Terminologie für andere Geschwindikeiten und Arten des Wandels differentieren. Abbott braucht Ausdrücke wie *drift, transition, trend*, fokussiert aber auf *trajectory* und *turning point* als zentrale komplementäre Begriffe. Gemäss seiner Darstellung haben beide einen gewissen Spielraum. Trajektorien ertragen grosse Mengen von kleinen Variationen ohne nennenswerte Veränderung ihrer allgemeinen Richtung. Trajektorien sind sie gerade wegen ihrer Trägheit und stabilen Regellosigkeit. Wendepunkte markieren dagegen nachhaltigen Wandel der allgemeinen Richtung. Sie verlaufen nicht gleichmässig, sondern relativ abrupt und können erst im Nachhinein bestimmt werden, weil es eine gewisse Beobachtungszeit braucht, um eine nachhaltige Richtungsänderung von der normalen Variation zu unterscheiden.[33] Gelegentlich summieren sich kleine Wendepunkte zu grössen Wendepunkten. Sie können sich verbinden und einen Durchbruch in der übergreifenden Struktur hervorbringen. »Then we have a potential major turning point, in which a whole general regime can change if the proper action is taken.« Da kleiner Wandel normal ist, sind solche grossen Veränderungen ebenfalls nicht erstaunlich.[34]

Für eine methodische Diskussion der langfristigen Familiengeschichte wären terminologische Übereinkünfte zweifellos nützlich, und Abbotts Sprache kann zur Hebung des Bewusstseins beitragen. Wieviel Variation ist in einer und der-

---

31 Es gibt wichtige Versuche zur Sammlung und Rekonstruktion von quantitativen Familiendaten für frühere Jahrhundert, vgl. z. B. Ruggles 2012; Szołtysek/Gruber 2018.
32 Abbott 2001, S. 194; Braudel 1969.
33 Abbott 2001, S. 248–250.
34 Abbott 2001, S. 257.

selben Periode tolerierbar? Wie abrupt muss ein Wandel sein, um als Wendepunkt gelten zu können? Oder soll man besser über Transition von einer Periode zur anderen sprechen? Historiker stehen scharfen Brüchen oft skeptisch gegenüber. Michel Foucaults »coupure« zwischen zwei Regimen wurde von vielen kritisch aufgenommen.[35] In unserem Sample von Publikationen sind ebenfalls Stimmen gegen plötzliche Brüche zu vernehmen. Kertzer/Barbagli argumentierten, wie erwähnt, dass man nicht nach einem einmaligen, scharfen Wendepunkt in der Familiengeschichte suchen solle.[36] Sie wollen populäre und soziologische Stereotypien über einen historischen Graben zwischen der »traditionellen« und der »modernen« Familie um 1800 beseitigen. Anders als bei der Frage der Wendepunkte, hat das Argument über die Dichotomie von Tradition und Moderne eine Entsprechung in Abbotts Darstellung. Er betrachtet Tradition mittels der Idee einer vielschichtigen Temporalität mit vielen Geschwindigkeiten. In jeder Gesellschaft, so bemerkt er, gebe es im Allgemeinen eine Linie von Ereignissen, die sich langsamer als die anderen verändere. Diese werde normalerweise als Trägerin von Tradition identifiziert. Der normative Gebrauch dieser »Tradition« als Ordnungskonzept liege dem sozialen und politischen Konservatismus zugrunde.[37]

Abbotts Theorie kann ferner die Vorsicht gegenüber der Evidenz für Stabilitätsbehauptungen in der Familiengeschichte erhöhen. Wie oben bemerkt, skizziert Mitterauer einen Jahrtausende währenden Wandel der Verwandtschaftsterminologie, der tiefere Veränderungen im familiären Verhalten anzeige. Eine bifurkativ-kollaterale Terminologie soll sich extrem langsam in ein lineares System verwandelt haben, das Verwandten von beiden Seiten mit der gleichen Bezeichnung belegte; zum Beispiel durch den Ausdruck »Onkel« sowohl für den Vaterbruder wie für den Mutterbruder, anstatt diese zwei Verwandten mit speziellen Termini anzusprechen. Wie konnte ein solcher Prozess kontinuierlich vom 5. vorchristlichen Jahrhundert bis auf den heutigen Tag ablaufen? Abbotts omnipräsenter Wandel und seine Bedenken gegenüber stabilen Trajektorien vermögen ernsthafte Zweifel über dessen Realität zu wecken. Tatsächlich zeigt die Überprüfung der Studie, die Mitterauer als Grundlage und Beleg benutzte, dass sie modernen methodischen Standards keineswegs genügt.[38]

Abbott spricht in seinen Aufsatzsammlungen vor allem zu Soziologen und befasst sich nicht direkt mit Geschichte. Historische Annahmen und Schriften bilden einen seiner Ausgangspunkte für eine Kritik der Standardsoziologie, aber

---

35 Osterhammel 2006a, S. 49.
36 Abbott legt *transition* zur Seite, weil der Ausdruck in der Soziologie und Lebenslaufforschung oft für Stadien entlang einer regelmässigen Trajektorie wie auch für radikalen Wandel gebraucht werde; er will sich auf den letzteren Fall konzentrieren (2001, S. 243, 251).
37 Abbott 2016, S. 217–223.
38 Gestrich/Krause/Mitterauer 2003, S. 166; Anderson 1949; vgl. auch Jussen 2009, S. 302–307.

nicht das Feld, das er in erster Linie bearbeiten will. Gleichwohl können seine Versuche zur Theoretisierung von Zeit bis zu einem gewissen Grad auch für Historiker nützlich sein. In unserem Fall der langfristigen Geschichte der Familie in Europa könnten sie eine konsequente Reflexion über Terminologien und Ideologien unterstützen. Das würde nicht zu einer Vereinheitlichung der divergierenden Berichte führen, die oben präsentiert wurden, möglicherweise aber zu einer Annäherung zwischen ihnen. Abbotts Essays positionieren sich oft in der dünnen Luft der »reinen Theorie« und hinterlassen einen formalen Eindruck. Für unseren Zweck ist das meines Erachtens ein Vorteil und kein Nachteil. Ein substanzieller Ansatz wurde von Norbert Elias (1897–1990) vorgeschlagen, dessen *Process* oder *Figurational Sociology* oft mit Abbotts *Processual Sociology* in Verbindung gebracht wird. Beide Autoren sind interdisziplinär orientierte Soziologen an der Grenze zur Geschichte und stellen den Wandel ins Zentrum ihres Interesses. Die tiefen Unterschiede zwischen ihnen sind jedoch nicht zu übersehen. Die von Elias angesprochenen langfristigen Tendenzen zu Selbstkontrolle und weiterer angeblich modernen Verhaltensmustern leiden unter einem fragwürdigen Zivilisationsbegriff und sagen wenig zu bestimmten Temporalitäten.[39]

Zur Reflexion über Kohärenz der zeitlichen Struktur in der europäischen Familiengeschichte können wir uns nur teilweise auf Theorie stützen. Es braucht mehr. Gut illustrieren lassen sich die Schwierigkeiten mit einem jüngeren Versuch zur Neuordnung des Felds. Im Jahr 2007 publizierten David W. Sabean und Simon Teuscher einen wegweisenden Aufsatz über Familienentwicklungen vom Spätmittelalter bis zum beginnenden 20. Jahrhundert. Er postuliert zwei grosse Übergänge: Eine erste Transition führt von den mittelalterlichen zu den frühneuzeitlichen Verwandtschaftsmustern durch einen Prozess der Hierarchisierung, welcher die Linearität und speziell die Patrilinearität und dynastischen Strukturen betonte. Eine zweite Transition, im späten 18. und im 19. Jahrhundert, kann als Horizontalisierung gesehen werden, bei der die Allianzen und Verwandtenehen ins Zentrum des Systems rückten. Beide Übergänge waren Teil eines weiteren politischen und wirtschaftlichen Wandels, der Faktoren wie die Staatsbildung, die administrative Kontrolle und den kommerziellen und industriellen Aufbruch umfasste.[40] Laut den Autoren konnten »moderne« Muster des Familienverhaltens also weit entfernt sein von den Ideen der frühen soziologischen Theorien. Unterdessen wurde der Ansatz von vielen Forschern aufgenommen und diskutiert. Bis anhin ist die allgemeine Bedeutung der Transitionen

---

39 Vgl. z. B. Burke 1992, S. 184–150 und Mathieu 2000, S. 1–6 [Essay 2 in diesem Band]; eine ungerechtfertigt harte und einigermassen naive Abbott-Kritik von einem Figurationssoziologen bei Wilterdink 2018.
40 Sabean/Teuscher 2007.

aber Gegenstand der Debatte geblieben, vor allem aus Gründen der Empirie.[41] Es scheint zu früh für ein Urteil. Wie man von Abbott gelernt hat, lassen sich Wendepunkte erst »after the fact« unterscheiden.

Schlussfolgerungen

Die nachhaltige professionelle Forschung zur Geschichte der Familie begann in den 1960er Jahren. Eine Generation später war die Zeit in verschiedenen Ländern reif für die Präsentation von kollektiven Publikationen zum Thema, die von spezialisierten Historikern für ein breiteres Publikum von Allgemeinhistorikern und interessierten Laien geschrieben wurden. Dieser Artikel hat die temporalen Strukturen von drei solchen Publikationen untersucht, die aus dem französischen, angelsächsischen und deutschsprachigen Raum stammen. Diese Gattung eignet sich besonders gut für eine solche Untersuchung. Sie zeigt auf, dass die gewählten Werke zur europäischen Geschichte der Familie für die letzten fünf Jahrhunderte stark divergieren. Sie behandeln ein und dasselbe Thema, unterscheiden sich aber bei Temporalitäten und Transitionen, bei den verwendeten Kriterien und in vielen weiteren Hinsichten. Die Publikationen wurden zwischen 1985 und 2003 publiziert und seither nicht durch jüngere Standardwerke dieser Kategorie ersetzt.

Vor diesem Hintergrund fragt man sich, wie eine kohärente Version gefunden werden und welche Rolle die Theorie bei einem solchen Unterfangen spielen könnte. Der Soziologe Andrew Abbott verfolgt ein lebenslanges Projekt zur Theoretisierung von Zeit als Leitkategorie der Sozialwissenschaften. Hier habe ich seine Aufsatzsammlungen von 2001 und 2016 gebraucht, um den Ertrag seiner Zeittheorie für die Verbesserung der langfristigen Familiengeschichte abzuschätzen. Abbotts Sequenzmethodik wird von der Gegenwartsforschung stark beachtet. Ist sein kurzfristiger Ansatz brauchbar für langfristige Studien wie die ausgewählten Publikationen, und auf welche Weise? Es gibt keine eindeutige Ja-Nein-Antwort auf diese Frage. Seine persistente Arbeit an der terminologischen Differenzierung kann für die Geschichtsschreibung auf diesem Gebiet sowohl ein Beitrag wie ein Vorbild sein. Abbott ist aber vor allem an der Reformulierung der Soziologie interessiert und adressiert in seinen Essays nicht die Historiker. Ein Teil seines Wertes ist daher symbolischer Art – doch auch Symbole zählen.[42]

---

41 Beiträge zur Debatte etwa bei Ruggiu 2010, Albera 2016, Lanzinger 2016; für terminologische Indikatoren des langfristigen Wandels: Mathieu 2020.

42 Gemäss Abbott haben seine »qualitativen Freunde« die Arbeit als Propaganda verwendet in der Kontroverse zwischen quantitativer und qualitativer Forschung und nicht so sehr als

Angelegenheit von intellektueller Bedeutung (2001, S. 282); im Licht des vorliegenden Artikels scheint die Haltung beider Parteien verständlich. Zur weiteren Untersuchung könnte man ausgewählte Werke über historische Methode und Theorie beiziehen; wie verhalten sich Abbotts Zeitstudien zum Beispiel zu Blochs berühmter *Apologie* (1949/2002)?

donier nicht weiter, als blos in den Namen der Monate unterschieden. Dahin gehört insonderheit die Jahrform der Sy-
ro=Macedonier, der Paphier und Bithynier, deren Einrichtung aus folgender Tafel erhellet:

Syro-Macedonische Monate	Paphische Monate	Bithynische Monate	Anfang der Monate nach dem Jul. Jahr
Ὑπερβερεταῖος	Ἀφροδίσιος	Ἥρεος	24 Sept.
Δῖος	Ἀπογονικός	Ἥρμιος	24 Oft.
Ἀπελλαῖος	Αἰνικός	Μητρῶος	23 Nov.
Αὐδυναῖος	Ἰᾶλος	Διονύσιος	24 Dec.
Περίτιος	Καισάριος	Ἡράκλειος	23 Jan.
Δύςρος	Σεβαςός	Δῖος	22 Febr.
Ξάνθικος	Ἀυτοκρατορικός	Βενδιδαῖος	25 März
Ἀρτεμίσιος	Δημαρχεξάσιος	Στρατάγιος	25 April
Δαίσιος	Πληθύτατος	Ἀρεῖος	25 May
Πανέμος	Ἀρχιερεύς	Περιέπιος	25 Junii
Λώος	Ἔσθιος	Ἀφροδίσιος	25 Julii
Γορπιαῖος	Ρωμαῖος	Δημήτριος	25 Aug.

Antike Jahrformen in Kleinasien (Syro-Macedonier, Paphier, Bithynier). Gatterer: Chronologie, 1777, S. 133.

4. Auf der Suche nach der leeren Zeit.
Im Gespräch mit Lucian Hölscher

Der Taxichauffeur verfährt sich drei Mal. Es gibt eine Baustelle mit Strassen-sperren in der Gegend, und das Navigationsgerät hat nicht seinen besten Tag. Gleichwohl stehe ich pünktlich vor Lucian Hölschers Haus in einem freundlichen Aussenquartier von Bochum. Zum Glück, denn ich möchte mit ihm über die Zeit sprechen, vor allem über die »leere Zeit«. Hölscher hat ein Plädoyer für die leere Zeit geschrieben, das wissenschaftliche und ethisch-politische Gesichtspunkte miteinander verbindet.[1] Er ist emeritierter Professor für Neuere Geschichte und Theorie der Geschichte an der Universität Bochum. Zu seinen Forschungs-schwerpunkten gehört die Theorie historischer Zeiten. Begonnen hat er mit einer Dissertation und Habilitation bei Reinhart Koselleck, dem berühmten Promotor der Zeitdiskussion. Was nicht heisst, dass er jede seiner Ideen teilt.

Zeit ist für alle von eminenter Bedeutung und für HistorikerInnen ganz be-sonders. Die meisten nehmen an, dass es sich bei ihr um einen Zentralbegriff – wenn nicht *den* Zentralbegriff – der Geschichtswissenschaft handelt. Ohne Zeit weder Wandel noch Kontinuität. Trotzdem haben wir Mühe, in allgemeiner Weise darüber zu reden. In der praktischen historischen Arbeit treffen wir dauernd Zeitentscheide, doch kaum sollen wir unsere Methoden offenlegen und diskutieren, ringen wir um Worte. Nach einer Phase mit zahlreichen theoreti-schen Anleihen bei Nachbardisziplinen hat sich jetzt die genuin historische Zeitdiskussion intensiviert. Dossiers zum Thema findet man in den letzten Jahren zum Beispiel in den Zeitschriften *History and Theory* (2014), *Traverse* (2016) und *Past and Present* (2019).[2]

Die Dossiers tragen Titel wie »Multiple Temporalities« oder »Beschleunigung und plurale Temporalitäten«. Koselleck ist auch in dieser jüngsten Diskussi-onsrunde omnipräsent, etwa zur Hälfte unter positiven und negativen Vorzei-

Zuerst erschienen in: Traverse. Zeitschrift für Geschichte 2020/1, S. 146–153.
1 Hölscher 2015a; Hölscher 2015b (kurze, englische Version). – Für nützliche Feedbacks zu diesem Essay danke ich Urs Hafner, Jakob Messerli, Jan-Friedrich Missfelder, Sarah Schober und Simon Teuscher.
2 Forum 2014; Schwerpunkt 2016; Viewpoints 2019.

chen. Was aber auffällt: Es geht fast immer um Zeit im Plural. Ein eben erschienener Sammelband über *Rethinking Historical Time* hält das schon im Klappentext fest. Während zweier Jahrhunderte, heisst es da, sei das dominante westliche Zeitregime von einer linearen, progressiven und homogenen Vorstellung geprägt gewesen. Seit kurzem sei es dagegen von »multiple and percolating temporalities« geprägt.[3]

Dieser Schwarm von Temporalitäten kann sowohl anregen wie verwirren. Ein zweckmässiges Mittel zur Strukturierung der Reflexion ist die Setzung eines Begriffspaars. Lucian Hölscher spricht von leerer Zeit und gefüllter Zeit, in der englischen Version von *empty time* und *embodied time*. Was er damit meint, hat er kürzlich in programmatischen Aufsätzen dargelegt.[4] Im persönlichen Gespräch möchte ich noch mehr über die Hintergründe und Folgerungen in Erfahrung bringen. Erste Frage: Wie kommt man auf die Idee einer leeren Zeit?

Zwei historische Zeitkonzeptionen

Lucian Hölscher lehnt sich im Korbstuhl zurück und erklärt: »Meine Beobachtungen gründen zunächst phänomenologisch im 18. Jahrhundert, also in der Sattelzeit, die auch in zeitgeschichtlicher Hinsicht bedeutungsvoll ist. Damals gibt es zwei Richtungen der Zeitdiskussion. Die erste kann man mit dem Kalender verbinden, der religiös und regional gebunden ist und in dieser Periode zu einem globalen Kalender erweitert wird. Das bedingt eine gewisse Abstraktion oder Entleerung, weil die ganze Fixierung auf die christliche Heilsgeschichte herausfällt. Nur Christi Geburt bleibt übrig. Man nimmt sie als Zeitenschwelle und rechnet nach hinten und nach vorn. Das ist der allgemeine Weltkalender.«

Auf der anderen Seite, führt mein Gesprächspartner aus, gebe es das, was er gefüllte oder auch verkörperte Zeit nenne. Das sei eine innere Zeit, die man in unterschiedlichen Bereichen ausmesse. Sie könne die Lebenszeit eines Menschen betreffen, aber auch ein Jahrhundert oder eine Epoche wie die Renaissance und den Humanismus umfassen. Dinge hätten ihre Zeit, ihr eigenes Mass. Wir könnten im 18. Jahrhundert beobachten, wie die Geschichte mit solchen Zeitlebewesen bevölkert werde, etwa mit Einheiten wie Nation, Volk, Staat, später Klasse, mit Ideen wie Freiheit oder eben mit explizit zeitbezogenen Begriffen wie Jahrhundert oder Epoche.

Die Diskussion gehe somit in zwei Richtungen. Theoretisch werde dies am schärfsten fokussiert in der Debatte der 1710er Jahre zwischen Isaac Newton und Gottfried Wilhelm Leibniz: »Die Partei von Newton plädiert für einen

---

3 Tamm/Olivier 2019.
4 Hölscher 2015a; Hölscher 2015b.

leeren, abstrakten Begriff von Zeit, wie er ihn in seinen *Principa mathematica* von 1687 festgehalten hat. Leibniz hält dagegen an einem Zeitbegriff fest, der an bestimmte Gegenstände gebunden ist. Für ihn sind Raum und Zeit relational. Raum ist die Ordnung des Gleichzeitigen, Zeit die Ordnung des Aufeinanderfolgenden. Solche raumzeitlichen Lebenseinheiten nennt er Monaden.« Die Debatte lässt sich im 18. Jahrhundert weiterverfolgen. Andere Autoren greifen die beiden Positionen auf und modifizieren sie. Merkwürdigerweise geben die meisten HistorikerInnen später die zweipolige Sicht mehr und mehr auf und gehen zu den gefüllten Zeiten über. Das Konzept der leeren Zeit wird vernachlässigt, obwohl es in der Aufklärung eine Emanzipation gebracht hatte. Es eröffnete eine Vorstellung von Weltgeschichte und allgemeiner historischer Wirklichkeit. »Heute wird die ›leere Zeit‹ nur noch schematisch verwendet. Natürlich muss alles datiert werden, doch es verbindet sich damit keine Aussage mehr über die Geschichte. Ich glaube, das ist ein Defizit, dem wir uns stellen müssen.«

Was das heisst, möchte ich später noch erfragen. Zunächst interessiere ich mich für die Herkunft des Konzepts. Gab es bestimmte Vorbilder für die Unterscheidung von leerer und gefüllter Zeit? »Nachträglich kam mir in den Sinn, dass ich bei Kracauer Ähnliches gelesen hatte. Der Aufsatz war mir nicht mehr präsent, doch etwas bleibt oft hängen. Als es mir wieder einfiel, war ich dankbar dafür. Ich will also nicht sagen, dass dies von mir eine vollkommen neue Unterscheidung ist. Sie ist mit unterschiedlicher Bezeichnung auch schon von anderen getroffen worden.«

Tatsächlich benutzt Siegfried Kracauer in seinem Aufsatz über das *Rätsel der Zeit* von 1963 mehrere Ausdrücke zur Charakterisierung der beiden Perspektiven. Auf der einen Seite spricht er von »linearer oder chronologischer Zeit« und von »Kalenderzeit«, die ein »leeres Gefäss« bilde. Diese Konzeption sei unter dem Einfluss der entstehenden Naturwissenschaften dominant geworden. Auf der anderen Seite verwendet Kracauer den Begriff einer »geformten Zeit«, den er bei einem Kunsthistoriker entlehnt. Dort dient er dazu, die lineare Abfolge von Stilformen infrage zu stellen. Stilformen würden sich mehr nach ihrer Stellung in einer speziellen Sequenz richten als nach einer allgemeinen, in Epochen gegliederten Chronologie. Kracauer hält diese »Antinomie im Innersten der Zeit« für unauflösbar. Dementsprechend lässt er beide Konzeptionen gelten.[5]

---

5 Kracauer 2009 (eine erste Fassung erschien in der Festschrift Theodor W. Adorno 1963).

Wie leer ist die leere Zeit?

Hölschers Begriffspaar steht in der Zeitdebatte also nicht allein. Im anglo-amerikanischen Bereich beginnt sich auch die Unterscheidung zwischen *time* und *temporality* einzubürgern. Vanessa Ogle fasst es so: »›Time‹ is understood here as the time measured by clocks, calendars and natural timekeepers such as the sun and the moon. ›Temporality‹ is taken to describe how past, present and future relate to one another, for instance through repetition and cyclical temporalities or ruptured and discontinuous temporalities, and through experiences and expectations.« Zeit und Temporalität seien verbunden. So könne das Interesse an Zeitmessung Ausdruck oder Indikator eines neuen Temporalitätsgefühls sein. Die beiden liessen sich aber auch separat behandeln, da sie oft anhand verschiedener Quellen studiert werden müssten. Viele historische Arbeiten würden die beiden Begriffe und ihre Beziehungen allerdings zu unpräzise fassen.[6]

Ogle hat 2015 ein lesenswertes Buch über die Anstrengungen zur weltweiten Standardisierung von Uhrzeit und Kalenderzeit in der Moderne publiziert (*The Global Transformation of Time 1870–1950*, Cambridge MA). Angetrieben durch neue raumüberwindende Technologien wie Eisenbahn und Telegraphie und vor dem Hintergrund des westlichen Imperialismus kam es zu mehreren Entwürfen einer neuen globalen Zeitordnung. Bekannt ist die Internationale Meridian-Konferenz in Washington D.C. 1884, welche die Sternwarte Greenwich in London als Nullmeridian für den ganzen Planeten festlegte. Damit sollte die Stundenzählung vereinheitlicht werden. Weniger bekannt ist eine angestrebte Kalenderreform, die den christlichen Kalender des 19. Jahrhunderts weiter vereinfacht und säkularisiert hätte – ein Projekt, das besonders im Umfeld des Völkerbunds während der Zwischenkriegszeit vorangetrieben wurde und später scheiterte.[7]

Die Problematik der Zeitmessung umfasst in diesem Ansatz, den man wohl den *Science and Technology Studies* zuordnen könnte, auch die Kulturtechnik und das Zeitwissen, also die soziale Vermittlung und Implementierung der Chronologie. »Time« ist in diesem Sinn mehr als nur technisch gemessene Zeit. Wie aber steht Lucian Hölscher mit der leeren Zeit zu einer solchen Konzeption? Allgemein lässt sich wohl sagen, dass er in Koselleck'scher Tradition auch auf theoretische Diskussionen eingeht, auf Philosophie und Theologie, bis hin zu normativen Setzungen.

»Ich begreife die Leere nicht als Zustand, sondern als Bewegung. Es ist eben entleerte Zeit, ein Abstraktionsprozess. Es werden Dinge herausgenommen, um die Zeit zu öffnen. Mir ist vorgehalten worden, eine absolut leere Zeit gebe es nicht. Das wird schon bei Newton und Leibniz thematisiert. Sie diskutieren über

---

6 Ogle 2019, S. 314–315.
7 Ogle 2015.

das Konzept des Vakuums. Leibniz sagt, Vakuum existiert nicht. Newton sagt, es existiert – mit der Pointe: das Einzige, was es auch im Vakuum gibt, ist der Geist Gottes. Über die Verbindung von Zeit und Gott sind sich die Kontrahenten einig, wenn auch in unterschiedlicher Form.«

Zudem habe sein Ansatz einen Bezug zum Leben, sagt Hölscher. Dies betreffe nicht nur die gefüllte, sondern auch die leere Zeit.»Bei Newton ist die Mathematik nur ein Instrument, es geht aber um die Existenz Gottes, und das heisst für mich: des Lebens. Es sind nicht anonyme Kräfte, es sind Lebenskräfte. Schliesslich eröffnet der Begriff der leeren Zeit einen Möglichkeitshorizont für die gefüllten Zeiten. Es geht um die Art der Verbindung verschiedener Welten und Wirklichkeiten. Das spielt in der Debatte des 18. Jahrhunderts eine grosse Rolle, fällt aber in der späteren Philosophie heraus.«

Hölscher illustriert die Öffnung der Zeit im 18. Jahrhundert anhand des Göttinger Universalhistorikers Johann Christoph Gatterer. Dieser veröffentlicht 1777 einen *Abriss der Chronologie*. Parallel zur räumlichen Vermessung der Erde kommt es zur zeitlichen Vermessung. Gatterer erweitert die Chronologien, die sich in Europa seit dem 16. Jahrhundert als wissenschaftliche Gattung etabliert haben. Was in der Geographie die Längen- und Breitengrade, sollen in der Geschichte die Jahre und Jahrhunderte leisten. Sie stellen ein Raster bereit, mit dem jedes Ereignis auf dem Globus zu allen Zeiten exakt datiert werden kann. Gatterers Abriss bringt zuerst die »Allgemeine Zeitkunde, oder chronologische Grundlehre« mit viel Astronomie und Darlegung des christlichen Kalenders. Der zweite Teil bietet die »Besondere Zeitkunde, oder Zeitrechnung einzelner berühmter Völker«, in dem kulturelle Zeitordnungen bis hin zu denen der »Hindostaner« und »Chineser« mit der europäischen verglichen und erschlossen werden.[8]

Die Globalisierung der Zeit erfolgt auch bei Gatterer aus westlicher Perspektive. Bedarf sie heute einer postkolonialen Kritik? »Wir kommen nicht um die Kritik herum, weil wir nicht nur das koloniale Machtgefälle gehabt haben, sondern auch die selbstreflexive Antwort darauf, die Selbstzweifel. Diese haben ihren Ursprung wiederum stark in westlichen Ländern. Es ist ja nicht so, wie man denken würde, eine Philosophie der Unterdrückten oder nur von wenigen, sondern auch eine gewissermassen interne Debatte. Kurzum, es ist ein Element im konfliktiven Prozess der Globalisierung von Zeitrechnungen, die meines Erachtens weitergehen wird. Sie entspricht unserem Verkehr miteinander.«

Die Ergebnisse dieses Prozesses können gemäss Hölscher vielfältig sein. »Das ursprüngliche Aufklärungsideal, dass wir alle eine gemeinsame Menschheitszeit haben, ist nicht die wahrscheinlichste Möglichkeit. Ich glaube, dass sich die entstandenen Mischkulturen weiter verändern. Elemente der westlichen leeren

---

8 Hölscher 2015, S. 44; Gatterer 1777.

Zeit können auf unterschiedliche Weise mit nicht-westlichen Zeitrechnungen zu neuen Kulturen verschmelzen. Es läuft eher auf eine Hybridisierung heraus als auf allgemeine Egalität. Wobei an sektorale Eigenheiten zu denken ist. Im Börsenhandel gibt es so etwas wie eine Globalzeit, die in anderen Bereichen überhaupt nicht gilt. Heterogenität ist wahrscheinlicher als Homogenität.«

Warum braucht es die leere Zeit?

Dass wir nicht ohne leere Zeit auskommen, steht für Hölscher fest. Er führt dafür auch wissenschaftlich-methodische Gründe an, die man in der Diskussion kaum findet. Erst vor einem solchen begrifflichen Hintergrund könne nämlich die Wahrheit vom Mythos getrennt werden.

»Ich mache einen Unterschied zwischen fiktiv und fiktional. Fiktiv steht im Gegensatz zu real, während man alles als fiktional oder gemacht betrachten kann. Fiktional ist eine Kategorie, die sich sowohl auf fiktive wie reale Gegebenheiten beziehen lässt. Diese Unterscheidung scheint mir wichtig, weil die Geschichtswissenschaft einen immanenten Zug zur Einheit der Wirklichkeit besitzt. Sie hat eine Vorstellung von dieser Einheit und muss nun mit den vielen Wirklichkeiten, die wir empirisch feststellen, irgendwie zurechtkommen. Dafür brauchen wir Indikatoren für das Reale gegenüber dem Fiktiven, und dazu ist wiederum die chronologische Identifizierung von Ereignissen zentral. Lässt sich ein Ereignis in Raum und Zeit festmachen, so wird es eher zur historischen Wirklichkeit gehören. Sonst eher zum Bereich des Fiktiven.«

Anders als die Literaturwissenschaft müsse die Geschichtswissenschaft einheitliche Befunde herstellen, hält Hölscher fest. Das sei eine ethische Verpflichtung. Ob es den Holocaust gegeben habe oder nicht, könne man nicht beantworten mit der Feststellung, die einen meinten ja, die anderen nein. »Wir sind angehalten, die Wahrheit zu ermitteln und festzuhalten. Gegenüber dem Konstruktivismus habe ich immer eine Art von realistischer Position vertreten. Natürlich ist alles konstruiert, aber im Bereich der Geschichte brauchen wir eine Methodologie und Theorie, die so etwas wie die Einheit der Wirklichkeit zu denken wenigstens möglich macht. Die leere Zeit ist ein Mittel dazu.«

Unter politischen Gesichtspunkten müsse man die Ambivalenz des Umgangs mit Zeit in Rechnung stellen, sagt Hölscher. Der Umgang könne eine emanzipative wie eine unterdrückende oder gar vergewaltigende Dimension haben. Zeitfragen seien immer auch Machtfragen. »Bekannt ist das Thema der Arbeitszeit im 19. Jahrhundert. Sie bringt mit der Arbeitsteilung eine unglaubliche Produktivitätssteigerung, andererseits aber die Freisetzung der Arbeitnehmer. Deren Eigenleben beschränkt sich nur noch auf einen Rest von reproduktiver Zeit. Das Aufgehen in grösseren Zeitordnungen ist mit Gefahren verbunden. Das muss von Fall zu Fall ausgehandelt werden. Es gibt da keine generelle Lösung. Wir brauchen flexible Regelungen, die beides im Auge behalten: die Teilhabe an einer allgemeinen Zeit wie auch gewisse Reservatsrechte einer Eigenzeit.«

An dieser Stelle kommt mir der Boom des Plurals in der aktuellen Forschung in den Sinn. Wenden sich die vielen Temporalitäten mit ihren identitären Zuschreibungen nicht gegen die leere Zeit, von der sie eigentlich definitorisch abhängen?

»Ja, es gibt eine merkwürdige Verachtung der ethischen Qualität von leerer Zeit, die ich für bedenklich halte, vor allem wenn sie unreflektiert daherkommt. In einem Teil dieser Literatur zu Temporalitäten werden Kästchen gebaut, in denen Menschen in einer Periode angeblich leben, obwohl sich ihr Leben vielfältiger ausnimmt. Und die Autoren vergessen, dass die leere Zeit auch Möglichkeitsräume für Zeitautonomie und Befreiung von Gruppenzwängen eröffnet. Die Partizipation an einer Weltzeit ist ein wichtiges Menschenrecht, und dies zu sagen keine Trivialität. Die jüngste Globalisierung hat Situationen hervorgebracht, in denen Menschen nicht nur in Räumen isoliert und gefangen, sondern auch von der allgemeinen Zeit abgeschnitten wurden.«

Die Deutsche Bahn gibt sich Mühe

Auf dem Rückweg gehen mir die verschiedenen Gesichtspunkte immer wieder durch den Kopf. Hölschers wissenschaftliche und politische Argumente finde ich überzeugend, und die bewusste Setzung eines Begriffspaars gibt der Forschungsdebatte Kontur. Aber muss es genau die leere und gefüllte Zeit sein? Könnte man nicht weniger metaphorische Ausdrücke verwenden und es bei *time* und *temporality* bewenden lassen? Was würde dies für den zu Recht angestrebten Einbezug von theoretisch-philosophischen Dimensionen bedeuten?

Der Weg selber bringt dann kaum Navigationsprobleme und Verzögerungen. Am nächsten Tag geht es mit der Karte in der Hand vom Hotel über die Königsallee zum Hauptbahnhof. Sogar die Deutsche Bahn ist mir gnädig gestimmt. Der Zug kommt überraschend früh. Nur in Köln habe ich meine Bedenken, zehn Minuten Überzeit. Doch in Mannheim erreichen wir den Anschluss (der andere Zug trifft zum Glück verspätet ein). Ich stelle mir vor, dass es für das Bahnpersonal anstrengend sein muss, immer und überall die westlich-globale *clock time* einzuhalten. Doch die Japaner schaffen es auch – mit geradezu gespenstischer Pünktlichkeit.

Das Gespräch fand am 5. Juli 2019 im Haus von Lucian Hölscher in Bochum statt. Seine Website an der Ruhr-Universität Bochum gibt Auskunft über seine intensive Publikationstätigkeit: https://ceres.rub.de/de/personen/lucian-holscher/. Im Juli 2019 arbeitete er vor allem an einem Werk über die Verwendung der Zeit in ausgewählten Geschichtswerken des 18. bis 21. Jahrhunderts. Das Verhältnis von leerer und gefüllter Zeit wird in einem systematischen Anfangskapitel behandelt.

§. 220.

Mohammedische Jahrform.

Folge der Monate:				Tage im gem. J.	im Schaltj.
1. Moharrem	—	—	—	30	— — 30
2. Saffar	—	—	—	29	— — 29
3. der erste Rabea, oder Rabea el Auwal				30	— — 30
4. der zweyte Rabea, oder Rabea el Achar				29	— — 29
5. der erste Dsjommada oder Dsjommada el Auwal	—	—	—	30	— — 30
6. der zweyte Dsjommada oder Dsjommada el Achar	—	—	—	29	— — 29
7. Radsjeb	—	—	—	30	— — 30
8. Schaban	—	—	—	29	— — 29
9. Ramadan oder Ramasan	—	—	30	— — 30
10. Schauwal	—	—	—	29	— — 29
11. Dsulkade	—	—	—	30	— — 30
12. Sulhadsje	—	—	—	29	— — 30

Tagsumme des gemein. Jahrs = 354 T.

Tagsumme des Schaltjahrs — — — = 355 T.

Mohammedanische Jahrform. Gatterer: Chronologie, 1777, S. 199.

5. Ist die historische Zeit »heterogen« und »kontingent«? William H. Sewell Jr. neu befragt

Eine solche Widmung fällt auf. William H. Sewell Jr. veröffentlichte 2005 ein Buch mit dem Titel *Logics of History. Social Theory and Social Transformation* und widmete es nicht einem Familienmitglied oder einem Freund und Mentor, sondern anonymen Kollegen aus rund zwanzig Institutionen und Gruppierungen: Social History Workshop, IAS [Institute for Advanced Study] Social Science Seminar, Seminar on Symbolic Anthropology, Seminar on Symbolism and Social Change, und so weiter. Die Aufzählung enthält auch Akronyme, für Insider sicher auf Anhieb verständlich, nicht aber für Aussenstehende: CRSO heisst offenbar Center for Research on Social Organisation, und CSST ist wohl das Center for the Study of Social Transformations. Den ungenannten Kollegen aus all diesen Seminaren, Workshops und Zentren an US-amerikanischen Eliteuniversitäten dankte Sewell für ihre Freundschaft, ihre Gesprächsbereitschaft und für ihre »boundless capacity for critical thought«, die sein Buch ermöglicht hätten.[1]

Wer sich auf den Autor und das Buch einlässt, beginnt diese Widmung zu verstehen. William H. Sewell, Jahrgang 1940, machte seinen PhD in Geschichte 1971 in Berkeley. Über verschiedene Stationen wurde er schliesslich Professor für Geschichte und Politikwissenschaft an der Universität Chicago, wo er sich 2007 emeritieren liess. Er war unablässig unterwegs, als Teilnehmer und Redner an vielen Spezialkonferenzen und häufig an den Jahreskonferenzen von Fachorganisationen: American Sociological Association (seit 1971), American Historical Association (ebenfalls seit 1971), French Historical Studies Association (seit 1975) und Social Science History Association (seit 1978). Bei der letzteren Vereinigung trat er am häufigsten auf und amtete 2011–12 als Präsident.[2]

Das Buch *Logics of History* besteht aus zehn Kapiteln, die meisten von ihnen sind Papers, die Sewell an solchen Konferenzen vortrug, dann als Artikel ver-

---

1 Sewell 2005, S. V.
2 Curriculum vitae vom November 2015 (https://chicago.academia.edu/WilliamSewell/Curriculum Vitae, am 15.02.2020).

schiedenenorts publizierte und schliesslich für sein zusammenfassendes Werk noch einmal mehr oder weniger stark überarbeitete. In einer autobiografischen Passage betont er, dass seine Karriere auch bezüglich universitärer Anstellung weit weniger an Historische Departemente gebunden war als üblich. Nur in zehn von fünfundreissig Jahren versah er eine Position in einem rein Historischen Departement. Sonst gehörten Interdisziplinarität, Soziologie oder Politikwissenschaft dazu.[3]

Vom fachlichen Umfeld her ist Sewell also nicht leicht einzuordnen. Jürgen Osterhammel bezeichnete ihn 2002 als »historisch arbeitenden Soziologen« und Vertreter der anglophonen *historical sociology*.[4] Das trifft nur teilweise zu. Sewell doktorierte in Geschichte mit einer Studie über die Arbeiterklasse in Marseille in der Mitte des 19. Jahrhunderts und vertrat – wie wir sehen werden – innerhalb seiner historisch-soziologisch-anthropologischen Netzwerke eine entschieden historische Position. Es war gerade diese intensive Teilnahme an den interdisziplinären Auseinandersetzungen, die ihn veranlassten seine Identität als Historiker und damit die theoretischen Prämissen des historischen Fachs schärfer herauszuarbeiten. Er wollte damit auch seine »nicht-historischen« Kollegen und Kolleginnen überzeugen; insofern kann man ihn wie Osterhammel wohl auch als historischen Soziologen bezeichnen. Hier werden wir ihn indes nicht zuletzt als Ethnografen lesen, der aus erster Hand aus den US-amerikanischen Theorielabors des späten 20. Jahrhunderts berichtet.

Die grundlegende Beobachtung ist klar: »Theory has a strikingly less central place in history than in the social science disciplines.« Wie ist mit dieser Differenz umzugehen, wenn man als promovierter Historiker beiden Welten angehört? Eine Möglichkeit eröffnet das geschichtliche Ereignis. Die Selbstfindung via gemischte Gruppendiskussion inspirierten Sewell, das Phänomen und den Begriff des Ereignisses zu überdenken: »It was only sustained encounters with sociological and anthropological discourse, much of it as a member of an academic sociology department, that made me recognize events as a category in need of theoretical work.«[5] Schon die ersten Reflexionen über die Bedeutung von Ereignissen im historisch-sozialwissenschaftlichen Feld führten den Autor dazu, eine »ereignisreiche Temporalität« (eventful temporality) zu identifizieren, die sich von anderen Temporalitäten abhebe. Diese Idee wurde zum Kern eines übergreifenden theoretischen Entwurfs. Sewells *Logics of History* dreht sich um die Eigenschaften und Begründungen unterschiedlicher Zeitkonzepte und versucht, auch andere zentrale Begriffe wie »Struktur« und »Kultur« auf seinen historischen Kurs zu bringen.

---

3 Sewell 2005, S. 24.
4 Osterhammel 2006b, S. 83.
5 Sewell 2005, S. 3, 102.

Das Buch ist mit viel Sorgfalt und Eleganz gestaltet und unterdessen auch auf Italienisch, Chinesisch und Portugiesisch erschienen. Ich konzentriere mich hier auf die Kapitel und Passagen, die sich direkt auf die Zeitdebatte und ihre interdisziplinäre Einbettung beziehen.[6] Es kommen auch Kritiker zu Wort, und der Schluss weist auf die überraschende Wendung hin, die der Autor nach seiner gewichtigen Publikation vollzog.

Kritik an sozialwissenschaftlichen Temporalitäten

Der für unsere Zwecke zentrale Essay heisst *Three Temporalities. Toward an Eventful Sociology*. Er ist in drei Verarbeitungsschritten verfügbar: zuerst als Paper für eine Tagung über den »Historic Turn« in den Humanwissenschaften 1990, dann als veröffentlichter Aufsatz im entsprechenden Sammelband von 1996 und schliesslich überarbeitet und mit einem Postskript versehen als Kapitel 3 in *Logics of History* von 2005. Am Anfang hiess der Untertitel: *Toward a Sociology of the Event*, und der Autor schrieb damals, angelehnt an Marshall Sahlins, von einer »evenemential temporality«; später stufte er das Adjektiv als nicht-englisch ein und verwendete »eventful«. Beide Versionen beziehen sich auf die »histoire événementielle« von Fernand Braudel, und wollen sie gegenüber dessen »histoire structurelle« und »histoire conjoncturelle« aufwerten.[7] Sewell spricht von *temporality* und fast nie von *time*. Unter Temporalität versteht er hier die Art, wie die historische Sozialwissenschaft in ihren Werken mit Zeit umgeht, oder genauer: welche Zeitverwendung er aus diesen Schriften herauslesen kann und will.

Unterschieden werden drei Temporalitäten: teleologische, experimentelle und ereignisreiche. Die teleologische Form ist die problematischste, die ereignisreiche Form ist die ideale (historische) Temporalität. Als Beispiele verwendet Sewell Texte von fünf Autoren und Autorinnen, im Postskript von 2005 nimmt er noch einen weiteren Autor dazu. Ich beschränke mich hier auf zwei: Immanuel Wallerstein und Theda Skocpol.

»Sociology was born under the sign of teleology«, hält Sewell allgemein fest. Für die Theoretiker des 19. Jahrhunderts seien die Richtung und Bedeutung der Geschichte durch transhistorische Gesetze bestimmt gewesen. Der schwindende Glaube an den gesellschaftlichen Fortschritt habe im 20. Jahrhundert zum Ver-

---

6 Auf das Einleitungskapitel (1) und einen forschungsgeschichtlichen Rückblick (2) folgen Essays zur Soziologie (3 und 4), zur Anthropologie (5, 6 und 7) und zu eigenen historischen Fallstudien (8 und 9); der Schluss fragt nach dem Sozialen in den Sozialwissenschften und bietet ein »Interpretatives Manifest« an (10). Die Erstveröffentlichungen dieser Aufsätze erfolgte zwischen 1988 und 2005.

7 Sewell 1996, S. 275 und 2005, S. 83.

blassen der Teleologie geführt, doch schwächere Formen seien weiterhin sehr lebendig. Sie zeichneten sich dadurch aus, dass die Gründe für ein historisches Ereignis durch einen abstrakten, in eine bestimmte Zukunft führenden Prozess erklärt würden. Die Zukunft erkläre die Vergangenheit. Ein Beispiel bilde die Modernisierungstheorie mit ihrer Dichotomie von »traditionell« und »modern«. Aber auch deren Kritiker unter den historischen Soziologen würden oft dem teleologischen Trugschluss erliegen. Der bei weitem deutlichste Fall sei Immanuel Wallerstein mit seinem Werk *The Modern World-System*.[8]

Im ersten, 1974 erschienenen Band dieses Werks geht es um die Ursprünge der europäischen Weltwirtschaft im 16. Jahrhundert. Wallerstein nimmt darin die grossen Debatten von marxistischen und anderen Historikern zu den Anfängen des Kapitalismus auf und versucht, die grossen Linien der Expansionsbewegung mit ihren Folgen nachzuzeichnen. Sewell präsentiert den Autor als »social astronomer«. Anlass dazu gibt ein kurzer Vergleich mit der Astronomie, den Wallerstein anstellt: In der Astronomie gebe es nur *ein* Universum und seine Entstehung müsse *a posteriori* erschlossen werden. Ähnlich verhalte es sich mit dem kapitalistischen Weltsystem, das nur als Einzelfall auftrat und dessen Genese im Nachhinein erschlossen werden muss.[9] Laut Sewell führt diese astronomische Analogie in die Irre. In der menschlichen Geschichte gebe es zwar Wendepunkte, aber keinen Big Bang: »To construct historical arguments on an analogy with astronomy results in a teleology in which some crucial past events are misconstrued as a pure origin that contains the entire future of the social system *in potentia* and in which the partially contingent events that occur subsequently are robbed of their efficacy and reduced to the status of markers on the road to the inevitable future.«[10] Bei allen berechtigten Vorbehalten gegenüber Wallerstein darf man doch festhalten, dass der astronomische Vergleich nur auf sechs Zeilen in der Einleitung des über 400-seitigen Buchs vorkommt und nachher nicht mehr auftaucht. Von Big Bang ist bei ihm nicht die Rede, ebensowenig von einer unvermeidbaren Zukunft. Und wie kann man Geschichte, streng genommen, anders als *a posteriori* schreiben, wenn sie doch von der Vergangenheit handelt?

Soviel zur teleologischen Temporalität. Die zweite – experimentelle – Temporalität wird anhand der Untersuchung von Theda Skopcol über gesellschaftliche Umwälzungen von 1979 skizziert. Die Autorin behandelt darin die Revolutionen in Frankreich, Russland und China und geht auch auf weitere politische Krisen des 17. bis 19. Jahrhunderts ein. Ziel ist es, mit einer quasi-experimentellen komparativen Methode die Hauptfaktoren für diese Grossereignisse her-

---

8 Sewell 2005, S. 83–85.
9 Wallerstein 1974, S. 7.
10 Sewell 2005, S. 85–88.

auszuarbeiten. Sewell weist auf empirische und logische Mängel der Studie hin, seine Hauptkritik richtet sich aber gegen die »unhistorical assumptions about temporality that strict adherence to experimental logic requires«. Das Vorgehen bedinge ein Einfrieren der Geschichte. Um als separate Versuche in einem Experiment aufgefasst zu werden, müssten die Revolutionen als uniforme Klasse von Objekten aufgefasst werden, mit einzelfallbezogener Temporalität und ohne historische Einordnung in den Fluss der Zeit. Marc Bloch habe empfohlen, für Vergleiche vor allem raumzeitlich nicht allzu verschiedene Gesellschaften zu wählen. Der kluge Ratschlag rücke die komparative Methode noch weiter von der experimentellen Logik mit ihren getrennten Versuchen weg.[11]

Diese Vorwürfe liess Skopcol nicht auf sich sitzen. In einer vehementen Replik warf sie Sewell noch vor der ersten Publikation des Essays Widersprüchlichkeit und Konfusion vor. Die untersuchten Revolutionen seien für sie nie absolut identisch und austauschbar gewesen. Mit seinem eigentümlichen Revolutionsbegriff schmuggle Sewell die gesamte marxistische Teleologie wieder in die Debatte. Es handle sich um den verwegenen Aufsatz eines Newcomers, der erst kürzlich von der französischen Geschichte her zur historischen Soziologie gestossen sei und damit die ganze Forschungsrichtung umkrempeln wolle.[12]

Vielleicht ist es bezeichnend, dass sich Skopcols Tirade unmittelbar auf eine Gruppe und ihre Hierarchie bezog. Sewell scheint seine ereignisreiche Temporalität nicht zuletzt als Kontrastfolie entwickelt zu haben: »The eventful conception can be clarified by its contrast with the experimental and teleological conceptions«, heisst es im dritten Teil des Essays. Ereignisse könnten als relativ seltene Klasse von Vorkommnissen definiert werden, die eine signifikane Wirkung auf Strukturen ausübten. Eine ereignisreiche Temporalität berücksichtige also die Transformation von Strukturen durch solche Ereignisse. Gehe die experimentelle Konzeption von zeitlos-einheitlichen Ursachen und von der kausalen Unabhängigkeit jeder Ereignisfolge aus, so gelte für die ereignisreiche Konzeption gerade das Umgekehrte: Sie berücksichtige die kausale Abhängigkeit des Nachher vom Vorher und nehme an, dass die Kausalitäten von Mal zu Mal variierten, also zeitlich heterogen seien. Was die teleologische Konzeption anlangt, bestehe der wichtigste Unterschied in der Rolle des Zufalls: Während diese den Zufall nur beschränkt zulasse, basiere die ereignisreiche Temporalität auf radikaler Kontingenz.[13] Insgesamt legt der Essay nahe, dass Heterogenität und Kontingenz die Haupteigenschaften eines wahrhaft historischen Zeitkonzepts ausmachen.

---

11 Sewell 2005, S. 91–100.

12 Skocpol 1996, S. 326–334; die Kritik bezog sich auf das Konferenzpaper von 1990; mit Ausnahme einer kurzen Bemerkung (»a lenghty and vitriolic attack«) ging Sewell (1996, S. 275) nicht darauf ein und beliess auch den Passus über Skocpol, wie er war.

13 Sewell 2005, S. 100–102.

Forschungshistorische Hintergründe

Sewells *Logics of History* von 2005 löste ganz verschiedene Reaktionen aus. Im »American Journal of Sociology« bezeichnete ein Rezensent das Werk als verpasste Chance. Der Autor wäre von seiner historischen Forschungserfahrung und interdisziplinären Position her höchst qualifiziert gewesen, dem Dialog zwischen Geschichte und Soziologie neue Impulse zu verleihen. Leider plädiere er nur dafür, dass sich die Sozialwissenschaft der Geschichte – und zwar in einer eher altertümlichen Form – einseitig annähern solle.[14] Die Zeitschrift »Social Science History« widmete dem Werk 2008 ein Forum mit mehreren Diskussionsbeiträgen. Darin fand ein Soziologe sehr positive Worte für Sewells Entwurf und wollte ihn als Rahmen für eine Integrierte Sozialwissenschaft benutzen. Man sollte noch gewisse Unklarheiten beseitigen und einige Punkte ausbauen. Dann sei *Logics of History* eine vollentwickelte Sozialtheorie, die neben derjenigen von Pierre Bourdieu, Anthony Giddens, Niklas Luhmann und anderen bestehen könne.[15] Von besonderem Interesse unter diesen Beiträgen ist eine werkbiografische Analyse, die eine Periodisierung von Sewells Essays rund um den »Cultural Turn« vorschlägt. In einer frühen Phase hätten sich sozialhistorische und linguistisch-konstruktivistische Perspektiven bei ihm die Waage gehalten; in der Phase des »High Cultural Turn« von 1992 bis 2000 habe sich das Gewicht ganz auf die Sprache verschoben; und im »Postcultural Turn« sei das Pendel wieder zurückgeschlagen.[16]

In der Tat entwickelte sich Sewells theoretische Arbeit im Übergang von der Sozialgeschichte zur Kulturgeschichte, welche er nach 2000 wieder mit einem Fragezeichen versah. Der zweite Essay des Bands gibt einen forschungshistorischen Rückblick mit autobiografischen Elementen. Sein selbstkritisch anmutender Nebentitel heisst »Bekenntnisse eines früheren quantitativen Historikers« (*The Political Unconscious of Social and Cutural History, or, Confessions of a Former Quantitative Historian*).[17] Der Wandel vom Sozialhistoriker, der mit »harten Daten« operiert und an die objektive Realität der aufgedeckten Gesellschaftstrukturen glaubt, hin zum Kulturhistoriker, für den die sprachliche Konstruktion der Wirklichkeit und die Interpretation von Texten im Zentrum stehen, wird als Konversionserfahrung geschildert: »Making the cultural turn was therefore an exciting but also profoundly troubling step for an adept of the new social history. In my case, and I think in others as well, taking this step amounted to a sort of conversion experience – a sudden and exhilarating reshaping of one's

---

14 Patterson 2007.
15 Steinmetz 2008.
16 Riley 2008.
17 Sewell 2005, S. 22–80; später fand Sewell auch bestätigende Worte für die Periodisierung von Riley (Sewell 2008a, S. 584).

intellectual and moral world.«[18] Sewell nennt die Orte der Bekehrung und die berühmten Personen, die ihn dabei begleiteten. Zentral waren Verheissungen der Anthropologie. Mit ihren Methoden könnte man möglicherweise tiefgründige Bedeutungsschichten erschliessen und die Dimension der sinnvollen menschlichen Handlung wieder finden, die von der Sozialgeschichte an den Rand gedrängt worden war. Die neue, anthropologisch inspirierte Kulturgeschichte erschien als riskantes, aber unwiderstehliches intellektuelles Abenteuer. Allerdings konnte man sich dabei ein gerüttelt Mass an Feindseligkeit seitens der früheren sozialhistorischen Weggefährten einhandeln. Alles was bei diesen nach »Idealismus« roch, wurde als Zeichen für politische und intellektuelle Abtrünnigkeit gewertet.[19]

Selbstzeugnisse zu emotionalen Aspekten der wissenschaftlichen Gruppendynamik sind sicher aufschlussreich. Nach meinem Dafürhalten mangelt es Sewells forschungshistorischem Rückblick allerdings an methodischer Umsicht. Der Cultural Turn erscheint bei ihm als relativ einfacher Paradigmenwechsel mit klarem Anfang und klarem Ergebnis. In Kürze sei fast das ganze Fach umgedreht worden. Im US-amerikanischen und westeuropäischen Universitätsmilieu habe plötzlich die Kulturgeschichte die Deutungshegemonie erlangt. Durchsetzt ist diese stilisierte Sicht mit einem gewissen Avantgardegefühl und -anspruch: »Because I was a pioneer in the field of cultural history, one might expect me to be thrilled by its rise to intellectual hegemony.«[20] Sewell zitiert programmatische Erklärungen und Meinungen, kümmert sich aber wenig um die Weitläufigkeit des historischen Fachs, das auch nach diesem Turn viele andere Formen der Wirtschaftsgeschichte, Sozialgeschichte, Politikgeschichte, Rechtsgeschichte und immer mehr auch der Umweltgeschichte umfasste. Er unternimmt keine Anstrengungen, die Reichweite des Wandels mit Indikatoren abzuschätzen. Sein Tunnelblick gilt bestimmten Entwicklungen und hinterlässt den Eindruck eines bei aller Interdisziplinarität doch relativ engen Horizonts.[21]

Interessanter als diese Fachgeschichte ist jedenfalls die politische Interpretation des Cultural Turn, die Sewell im Essay entwirft und die schon ein Nachlassen seiner kulturellen Leidenschaft andeutet. Es geht um den politischen Subtext der sozialhistorischen und der kulturhistorischen Phase. Die Sozialgeschichte in Form der amerikanischen New Social History wies mit ihrer Zahlenhuberei und mechanischen Methodik eine Affinität zum fordistischen Regime

---

18 Sewell 2005, S. 42.
19 Sewell 2005, S. 43.
20 Sewell 2005, S. 48–49; in Westeuropa befasst sich Sewell vor allem mit Grossbritannien und Frankreich.
21 Die vereinfachende Sicht ist im American Journal of Sociology kritisiert worden (Patterson 2007, S. 1289–1290); für eine methodisch fundierte Einführung in die Geschichte der Disziplin und einen Überblick über historiografische Strömungen: Raphael 2003.

der Nachkriegszeit auf. Angefangen habe der Übergang zur Kulturgeschichte bei ihm und anderen in den 1960er Jahren als politische Rebellion gegen dieses rigide Regime. Später sei der Cultural Turn aber zum Komplizen einer neuen »flexiblen« Form des Kapitalismus geworden. Obwohl er sich weiterhin als entschiedener Verfechter der Kulturgeschichte verstehe, finde er es problematisch, wenn diese die Plastizität aller sozialen Formen zelebriere: »Indeed, such a celebration indicates an unacknowledged and troubling complicity between the cultural turn and the emergence of contemporary flexible forms of capitalism.« Die Vernachlässigung von sozioökonomischen Triebkräften bilde ein Hindernis für die Analyse einer global gewordenen Welt, in welcher derartige Triebkräfte von so offensichtlicher Bedeutung seien.[22]

Geschichte, wie sie ist oder sein sollte

Am mutigsten ist der Text, den Sewell kurz vor 2005 zur Einleitung von *Logics of History* schrieb, also zum Abschluss seiner intensiven interdisziplinären Streifzüge. Er wollte mit dem Buch den Dialog zwischen Geschichte und Sozialwissenschaften erneuern, und fasste dazu das Wissen der Historiker auf wenigen Seiten und ohne bibliografische Verweise zusammen: *What Historians Know*. Während sich die Sozialwissenschaften mit ihren Theorien abgeben, besitzen die Historiker (immer beiderlei Geschlechts) ein reiches implizites Wissen über die Temporalität des gesellschaftlichen Lebens. Ihr gemeinsames Thema ist die Entfaltung menschlicher Handlungen im Laufe der Zeit. Das Wissen ist nicht explizit. Historiker denken nicht, sie hätten eine Theorie von gesellschaftlicher Temporalität. »Yet I am convinced that most historians actually share a set of assumptions about how time is implicated in the organization and transformation of social relations and that these assumptions can be stated abstractly.« Im Vergleich zu den grobschlächtigen theoretischen Annahmen, welche Sozialwissenschaftler zur Zeitthematik treffen, seien die impliziten historischen Annahmen von überlegener Subtilität und Rafinesse. Es komme jetzt darauf an, den Reichtum an Zeiterfahrung in Worte zu fassen und in die Theoriedebatte einzubringen.[23]

Sewell setzt dieses Ansinnen entlang von fünf Hauptpunkten und allgemeinen Eigenschaften um, welche historische Temporalität kennzeichnen sollen: (1) schicksalshaft, (2) kontingent, (3) komplex, (4) ereignisreich und

---

22 Sewell 2005, v. a. S. 29–32, 41, 49, 52–56, 59–62 (Zitat S. 62); das Argument hat Ähnlichkeiten mit dem Schluss des ersten Essays in diesem Band (vgl. S. 27) und natürlich mit vielen anderen Zeitdiagnosen.

23 Sewell 2005, S. 6.

(5) heterogen. Mehrere Stichwörter sind in seinen Essays alte Bekannte, andere sind neuerer Provenienz und haben einen Aufstieg hinter sich.[24]

1. Schicksalshaft (*fateful*): Es ist die fundamentalste Eigenschaft. Zeit ist irreversibel. Einmal vorgenommene Handlungen oder einmal eingetretene Ereignisse können nicht rückgängig gemacht werden. Sie sind verankert im Gedächtnis der Betroffenen und verändern dadurch unwiderruflich die Situation, in der sie auftreten. Ich kann ein gegebenes Versprechen zum Beispiel zurückziehen. Doch dieser Rückzug macht das Versprechen nicht ungeschehen. Für mich und für andere bin ich nun eine andere Person – eine, die ein Versprechen gegeben und wieder zurückgezogen hat.

2. Kontingent (*contingent*): Historiker denken, dass man Handlungen und Vorkommnisse nur verstehen kann, wenn man sie in eine Zeitsequenz einordnet. Ihre Effekte hängen von der besonderen, komplexen Sequenz ab, in der sie sich ereigneten, und sind somit weitgehend zufällig oder kontingent. Die Tatsache, dass die Effekte kontingent sind – nicht nur bezogen auf ein grosses Spektrum von anderen Handlungen, Trends und Ereignissen, sondern auch mit Bezug auf die jeweilige besondere Zeitsequenz – bedeutet auch, dass Geschichte äusserst schwer vorauszusagen ist.

3. Komplex (*complex*): Historische Ereignisse beinhalten Prozesse von sehr verschiedenen Temporalitäten. Diese reichen von relativ graduellen oder langfristigen Trends über volatilere Ausschläge der öffentlichen Meinung, punktuelle Vorkommnisse, mittelfristige politische Strategien und plötzliche individuelle Entscheide bis hin zu wirtschaftlichen und klimatischen Schwankungen. Sie alle treffen an bestimmten Orten und Zeitpunkten aufeinander. Das ergibt eine komplexe Gemengelage und damit eine Herausforderung für jede analytische Klärung.

4. Ereignisreich (*eventful*): Die historische Temporalität ist ereignisreich. Wie oben gezeigt, gehört dieses Argument zu den frühsten Bestandteilen von Sewells theoretischem Entwurf. Er geht davon aus, dass allgemeine Gesellschaftsverhältnisse oder Strukturen und Ereignisse relational aufeinander bezogen sind. Ereignisse bestehen aus Vorkommnissen, die eine transformative Wirkung auf Strukturen ausüben. Umgekehrt werden Ereignisse von Strukturen mitbestimmt.

5. Heterogen (*heterogeneous*): Historiker arbeiten mit einem heterogenen Zeitkonzept. Sie nehmen an, dass die Elemente der sozialen Welt, ihre Wirkungsweise und ihre Bedeutung fundamentalen temporalen Veränderungen unterliegen. Anders als Sozialwissenschaften, die nach zeitlos-generellen Gesetzmässigkeiten suchen, setzt das historische Fach auf zeitlich variable,

---

24 Für das Folgende: Sewell 2005, S. 6–10.

uneinheitliche Kausalitäten. Dies impliziert auch, dass soziale Praktiken nicht
ohne Kontextualisierung verstanden oder erklärt werden können.

Die Geschichtswissenschaft definiert und qualifiziert sich gemäss Sewell durch
ihren sorgfältigen Umgang mit Archivmaterial und Primärquellen, ihr Insistieren
auf chronologischer Genauigkeit und ihr erzählerisches Können.[25] Die eben skizzierte Theorie, die Sewell im Namen der Fachhistoriker ausformuliert haben will,
könne die Debatte mit den theoriebewussten Sozialwissenschaften erleichtern. In
ihren allgemeinen Umrissen werde sie wohl von der grossen Mehrheit der Historiker geteilt. Allerdings sei auch sicher, dass viele von ihnen die eine oder andere
spezifische Formulierung bestreiten würden.[26] Für uns stellt sich die Frage: Wie
deskriptiv oder präskriptiv sind die fünf Punkte? Oder anders gesagt: Handelt es
sich um die Geschichte, wie sie ist oder wie sie sein sollte? Dazu werfen wir einen
Blick auf die Methode und das interdisziplinäre Feld, für das der Entwurf bestimmt
war.

Interdisziplinäre Öffnung und Schliessung

Als Sewell 1990 seine ereignisreiche Temporalität lancierte und gegen Formen
des mehr sozialwissenschaftlichen Zeitgebrauchs in Stellung brachte, hatte er
noch keine ausformulierte Theorie historischer Ereignisse. Eine solche versuchte
er in den folgenden Jahren zu erarbeiten. Er schloss sich einem Versuch des
Anthropologen Marshall Sahlins zur hawaiianischen Geschichte an. Der theoretische Aufsatz befasste sich dann allerdings intensiv mit Struktur und Kultur
und weniger ausführlich mit Ereignissen.[27] In einem Aufsatz über den Auftakt
der Französischen Revolution beim Sturm auf die Bastille gab Sewell schliesslich
auch eine Definition. Ein historisches Ereignis sei (1) eine verzweigte Sequenz
von Geschehnissen, die (2) von den Zeitgenossen als bemerkenswert eingestuft
wird und die (3) dauerhafte Transformationen von Strukturen bewirke.[28] Ereignisse in diesem Sinn kommen nicht oft vor und haben eine gewisse Dauer. Der
Sturm auf die Bastille in Paris erfolgte am 14. Juli 1789, doch das mit diesem
Namen belegte Ereignis dauerte gemäss Sewell vom 12. bis 23. Juli: von der
populären Reaktion auf die Entlassung eines Ministers durch den König bis zur
Sanktionierung der Bastille-Erstürmung durch die »Assemblée nationale«, die
daraus einen patriotischen Akt des souveränen Volks und eine legitime Revo-

---

25 Sewell 2005, S. 3.
26 Sewell 2005, S. 11.
27 Sewell 2001; die veränderte englische Version in Sewell 2005, S. 197–224; die Strukturlastigkeit
    wird z. B. von Tang 2013 kritisiert.
28 Sewell 2005, S. 228.

lution machte. Am Beispiel der berühmten Vorfälle reflektiert der Autor über allgemeine Charakteristika von historischen Ereignissen und kommt dann auf die Definitionsfrage zurück. Die genaue Abgrenzung sei letzlich willkürlich. Man könne auch einzelne Abschnitte der Sequenz als Ereignis bezeichnent und von komplexen Überlappungen sprechen.[29]

Im »American Journal of Sociology« stiessen diese Erläuterungen auf wenig Gegenliebe. Der Rezensent bezeichnete sie als verwirrend und überraschend uninformiert, ohne Bezug auf die reiche soziologische und philosophische Literatur zum Thema. Er nannte Geschehnisse, die man vernünftigerweise als Ereignisse ansprechen müsse, auch wenn ihnen die zeitgenössische Aufmerksamkeit (Kriterium 2) oder die transformative Wirkung (Kriterium 3) fehlten. Die Lokalisierung der Fahrzeugproduktion in Detroit und der Filmindustrie in Hollywood erfülle zum Beispiel die Kriterien 1 und 3, aber nicht das Kriterum 2. Aus seiner Sicht war es ein grosser Fehler, Ereignisse bloss als aussergewöhnliche Geschehnisse aufzufassen.[30] Seitens der Geschichtswissenschaft könnte man das anders sehen. Aber wie immer man sich dazu stellt, auffällig ist der Umstand, dass Sewell die Theorie der Ereignisse gewissermassen im Alleingang entwickelte. Ausser auf Sahlins ging er auf keine Autoren ein, die sich in genereller Weise mit Ereignissen befassen. Diese wurden in der ersten Fussnote aufgezählt und nachher nicht mehr erwähnt.[31] In der Diskussion fehlen vor allem auch eigentliche Historiker, in Europa etwa Reinhart Koselleck und Andreas Suter.[32] Einem theoriebewussten Wissenschafler wie Sewell dürfte klar gewesen sein, dass sich eine Theorie im Wettbewerb mit anderen Entwürfen zu bewähren hat. Vielleicht bewog ihn dies, sein Ereignisdarstellung noch 2005 als »radically open and unfinished« einzustufen.[33]

Fünfzehn Jahre vorher, als er gegen die teleologische und experimentelle Temporalität von historischen Soziologen ins Feld zog, waren seine theoretischen Vorstellungen noch weit weniger ausgereift. Was motivierte Sewell, bei der interdisziplinären Tagung von 1990 die Community auf historische Ereignisse einschwören zu wollen? Das Thema war von seiner Seite zwar noch kaum ausgeleuchtet, doch der Kontrast zu anderen Exponenten der interdisziplinären Gruppe schien sich vergrössert zu haben. Im Übergang zum High Cultural Turn gewann die Anthropologie für Sewell an Attraktivität, während die Soziologie

---

29 Sewell 2005, v.a. S. 244, 260–261.
30 Patterson 2007, S. 1288.
31 Sewell 2005, S. 225, Fn. 1.
32 Koselleck 1979, S. 144–157 (Erstveröffentlichung 1973); Suter 1997; Suter lud Sewell 1998 zu einer interdisziplinären Tagung über Ereignis und Struktur ein und gab im Anschluss seinen Beitrag über Sahlins heraus (Suter/Hettling 2001, Sewell 2001).
33 Sewell 2005, S. 261–262; andere Autoren, die sich Ereignistheorie befassen, werden von ihm in Fussnoten angeführt, aber nicht diskutiert.

ihren früheren Vorbildscharakter einbüsste. Was auf der einen Seite eine interdisziplinäre Öffnung war, kam auf der anderen Seite einer Schliessung gleich. Die Verschiebung verlangte nach neuen Grenzziehungen und Kontrasten. Tatsächlich sind die angeführten Gründe zur Unterscheidung der Temporalitäten sachlich wenig stichhaltig. Die Teleologie, mit welcher Sewell die Theorie von Immanuel Wallerstein exkommunizieren wollte, erwies sich als Boomerang und wurde von Theda Skopcol schnell an den Absender zurückgeschickt. Der Ausdruck war damals zu einem Reizwort geworden und pflegte in theoretischen Debatten grosszügig verwendet zu werden.[34] Die »eingefrorene« Geschichte der experimentellen, komparativen Logik traf ebenfalls nicht ins Schwarze. Niemand nahm allen Ernstes an, die untersuchten Revolutionen seien einheitliche Exemplare. Vergleichende Geschichte lohnte sich auch auf pragmatischem Niveau.

Vieles deutet also darauf hin, dass die Theoretisierung der idealen historischen Temporalität eine Übung in »boundary work« war, das heisst: ein aktives Bemühen um die Abgrenzung eines Territoriums, auf dem neue Netzwerke ihre Kompetenzen etablieren konnten.[35] Meines Erachtens prägte diese Strategie auch die inhaltlichen Aussagen. Ist die historische Zeit wirklich »heterogen« und »kontingent« oder handelt es sich um eine unangemessene Festschreibung dieses flüchtigen Phänomens? Was die Rolle der Kontingenz in der Geschichte angeht, sei an die ebenso klugen wie heiteren Bemerkungen erinnert, die Edward Hallett Carr unter dem Titel »Kleopatras Nase« machte (in Anspielung auf eine Interpretation der Schlacht bei Actium, die Antonius anno 31 v. Chr. verloren habe, weil er von Kleopatras Schönheit betört gewesen sei). Sie laufen im Wesentlichen auf ein konstruktivistisches Argument hinaus. Der Entscheid, welche Ursache-Wirkungs-Ketten im Rahmen der jeweiligen Untersuchung als notwendig betrachtet und welche ausgelassen und als zufällig zurückgewiesen werden, liegt beim Historiker selbst.[36] Mit der Homogenität und Heterogenität dürfte es sich ähnlich verhalten. Es ist weitgehend eine Frage der Perspektive und des Forschungsdesigns. Ohnehin wirkt das Gegensatzpaar alltagssprachlich für Zeitphänomene weniger passend als andere Unterscheidungen (vor allem kontinuierlich-diskontinuierlich). Sewell setzt die Heterogenität unter anderem ein, um die Denkfigur der »path dependence« in Frage zu stellen. Diese ursprünglich von

---

34 Vgl. auch Sewell 2005, S. 189 und seinen selbstkritischen Rückblick in Sewell 2008b, S 521. In einem gewissen Sinn ist Teleologie in der Geschichtsschreibung natürlich schwer zu vermeiden, weil sie trotz aller Bemühungen um die Rekonstruktion des historischen Entscheidungshorizonts und alternativer Möglichkeiten in der Regel über den Ausgang der Geschichte Bescheid weiss.

35 Gieryn 1983.

36 Carr 1963, S. 103; der britische Intellektuelle befasste sich in dieser Cambridger Vorlesung auch mit den historischen Konjunkturen, welche Determinismus oder Kontingenz begünstigten. Anstatt mit »Kleopatras Nase« nur einen kleinen Körperteil der Dame anzustarren, hätte er auch einen freundlicheren Titel wählen dürfen.

Ökonomen konzeptualisierte Pfadabhängigkeit fasse die potentiellen Wirkungen von früheren Vorkommnissen auf spätere ins Auge, ähnlich wie die ereignisreiche Temporalität. Im Unterschied zu dieser rechne sie aber nicht mit chronologisch variierenden Wirkungen, sondern beziehe sich auf die Abhängigkeit des Späteren vom Früheren als Ganzes.[37]

Letztlich steht man bei den Zeitattributen vor der Frage, wie gross der Kreis der zugelassenen historischen Ansätze sein soll. In seiner kulturalistischen Phase verkehrte Sewell häufig mit Anthropologen, aber kaum mit Wirtschaftswissenschaftlern. Die Ökonomie war in seinen Augen die am stärksten mathematisch und quantitativ ausgerichtete Sozialwissenschaft.[38] Für einen engen Kreis von Cultural Historians und Anverwandten dürften die fünf erwähnten Kriterien der historischen Temporalität gegenstandsadäquat gewesen und geblieben sein. Sie entsprachen ihrem Selbstverständnis. Wer aber alle oder doch die meisten Wissenschaftler einschliessen möchte, die sich irgendwie mit historischer Zeit befassen (etwa auch die Ökonomen und Politologen des Pfadabhängigkeits-Ansatzes), kommt zu einem anderen Ergebnis. Dann bleibt wohl nur Sewells erstes Kriterium übrig: die Schicksalshaftigkeit und Irreversibilität. Einmal vorgenommene Handlungen oder einmal eingetretene Ereignisse sind nicht rückgängig zu machen. Das dürfte allgemein gelten, ausser man nimmt mit einem radikalen Kontruktivismus und Präsentismus an, dass nachträgliche Interpretationen die vorangegangene Zeit faktisch verändern.[39]

Aufbruch in die Enge – neue Horizonte

William H. Sewell Jr. widmete seine zu einem Buch geformte Aufsatzsammlung *Logics of History* 2005 einem Netzwerk von kleinen Diskussionsgruppen mit warmem Dank für ihre »unbegrenzte Fähigkeit zur kritischen Reflexion«. Innerhalb dieses spezifischen Milieus, zusammengesetzt aus Historikern, Soziologen, Anthropologinnen und anderen Humanwissenschaflerinnen suchte er seit den 1970er Jahren im Rahmen des Cultural Turn eine neue Identität als Kulturhistoriker. Sein Buch gibt einen selten offenherzigen und theoretisch konsequenten Erfahrungsbericht über diese intellektuelle Konjunktur des späten 20. Jahrhunderts. Es ist mutig und aufschlussreich, die »Logik der Geschichte« und die historische Zeit in wenige Worte kleiden zu wollen: schicksalshaft, kontingent, komplex, ereignisreich, heterogen.[40] Doch diese Zuschreibungen

37 Sewell 2005, S. 100–101.
38 Sewell 2005, S. 12–13.
39 Vgl. Abbott 2001, S. 209–239, v. a. S. 224, 228, 233.
40 Sewell 2005, S. 280.

reflektieren in erster Linie die Maximen und Devisen einer bestimmten Gruppe innerhalb eines wissenschaftlichen Feldes, das wesentlich grösser ist und alle diejenigen umfasst, die hauptsächlich oder auch nebenbei mit historischer Zeit arbeiten. Insofern führte Sewells Aufbruch in die Enge.

Es gibt mehrere Möglichkeiten des interdisziplinären Austauschs. Eine Gruppe kann sich abgrenzen und versuchen, ihre gruppenspezifischen Regeln zu exportieren und damit andere zu überzeugen. Die Gruppe kann aber auch Personen berücksichtigen, die sich andernorts mit ähnlichen Problemen abgeben, und versuchen Lösungen für alle zu erarbeiten. Diese werden notgedrungen allgemeiner und weniger spezifisch sein. Sewell entschied sich für die erste Möglichkeit – bis 2005. Nachdem er seine *Logics of History* zu Papier gebracht hatte, entdeckte er nämlich neu-alte Horizonte: In einem Aufsatz über die Temporalitäten des Kapitalismus von 2008 behandelte er die Frage, wie gut die ereignisreiche Temporalität, die er bisher »auf unbesonnene Weise« (recklessly) als universell ausgegeben habe, zur kapitalistischen Ökonomie passe. Die repetitiven Wirtschaftszyklen, die endlose Akkumulation von Finanzmitteln und die Realabstraktion des Warentauschs (Karl Marx, Das Kapital, erstes Kapitel) wiesen für ihn darauf hin, dass hier trotz der enormen Dynamik eine andere als die ereignisreiche Temporalität am Werk sei. Ja man könne fast sagen, dass deren fundamentalste Eigenschaft – die Irreversibilität – ausgehebelt werde. In seinem Essay über unterschiedliche Temporalitäten habe er früher versucht, die Teleologie in der historischen Soziologie »zu entlarven und auszurotten«. Doch man müsse Historikern der *longue durée* wie Fernand Braudel und Immanuel Wallerstein, die damals unter Teleologieverdacht standen, letztlich dankbar sein, dass sie die ungeheuren Entwicklungen des globalen Kapitalismus erhellt hätten.[41]

---

41 Sewell 2008b, S. 518, 521, 534.

Namen, Folge und Tagsumme der Egyptischen
Monate:

Ptolemäisch:	Arabisch:	Tagsumme:
1. Thoth, Θώθ	Tot	30
2. Phaophi, Φαωφί	Babe	30
3. Athyr, Ἀϑύρ	Hatur	30
4. Choiak, Χοιάκ	Chiahak	30
5. Tybi, Τυβί	Tube	30
6. Mechir, Μεχίρ	Amschir	30
7. Phamenoth, Φαμενώϑ	Bermahat	30
8. Pharmuthi, Φαρμɤϑί	Bermode	30
9. Pachon, Παχών	Bashansh	30
10. Pauni, Παῦνι	Baune	30
11. Epiphi, Ἔπιφι	Abib	30
12. Mesori, Μεσορί	Massari	30

Zusaztage, ἐπαγόμεναι · |360|360

　　a. im gemeinen Jahr — — — 5|

　　　　　　Tagsumme 365|

　b. im Schaltjahr — — — 6

　　　　　Tagsumme 366

Die ägyptischen Monate. Gatterer: Chronologie, 1777, S. 216.

6. Nach der Theorie: Bilanz und Ausblick

Wieviel wissen wir über den Zeitgebrauch, die Zeitwahrnehmung und die Zeit-vorstellungen vergangener, »historisch« gewordener Generationen? Ein Blick zurück legt nahe: Weniger als man denken und wünschen könnte.

Der 1967 erschienene Aufsatz von Edward P. Thompson über Zeit und Ar-beitsdisziplin im Industriekapitalismus war ein Augenöffner. Viele von uns empfanden ihn als Auftakt einer wichtigen Diskussion. Heute fällt mir auf, wie weit seine Themenstellung und wie schmal seine empirische Basis ist. Thompson will vor allem den Einfluss der aufkommenden mechanischen Uhrzeit auf die Arbeitsdisziplin und die Verinnerlichung diese Bewusstseins bei der breiten Bevölkerung im 18. und 19. Jahrhundert in England untersuchen. Es ist der kon-fliktive Wandel von unregelmässigen, aufgabenorientierten zu getakteten, genau bemessenen Rhythmen. Er stellt das Thema aber in einen sehr langfristigen Rahmen und bespricht auch Aspekte der Zeitkultur in afrikanischen, latein-amerikanischen und asiatischen Gesellschaften bis hin zur Freizeitdebatte der 1960er Jahre. Trotz grosser Belesenheit und Quellenkenntnis: Für die engere Frage werden nicht viele Dokumente präsentiert. Mehrfach weist der Autor selbst auf Wissenslücken und den impressionistischen Charakter seiner Studie hin. So wisse man nicht, wie viele Uhren überhaupt im Umlauf gewesen sein.[1] Fünfzig Jahre nach Thompson ist das Thema zweifellos besser erforscht. Eine neue me-thodisch-systematisch konzipierte Untersuchung über das 18. Jahrhundert mahnt aber zur Vorsicht. Die Umrisse der Arbeitsintensivierung lassen sich gut belegen. Doch im Detail sind die historischen Praktiken weiterhin schwer zu erschliessen.[2]

Unter dem Titel *Die Institutionalisierung des Lebenslaufs. Historische Befunde und theoretische Argumente* erschien 1985 ein weiterer Klassiker zur Zeitfor-schung. Er stammte vom Soziologen Marin Kohli, der damit ein neues Unter-

---

1 Thompson 1967, S. 57, 63; Hinweise auf limitiertes Wissen auch S. 66, 67, 69, 71, 77, 85, 90, 91.
2 Maitte/Terrier 2019; vgl. auch die Thompson-Kritik und die Literaturhinweise bei Ogle 2019, S. 312–318.

suchungsfeld begründete.[3] Sein Ausgangspunkt ist die Feststellung, dass im Übergang zur Moderne ein neues Regime der Lebenslaufgestaltung entstand und sich zu einer vielschichtigen Institution verfestigte. Die Zunahme der Lebenserwartung im 19. und 20. Jahrhundert war auch ein Übergang von einem »Muster der Zufälligkeit der Lebensereignisse zu einem des vorhersehbaren Lebenslaufs«. Der Rückgang der Sterblichkeit in jungen Jahren und die verbesserte Resistenz gegen Bevölkerungskrisen bewirkten, dass immer mehr Leute erst im höheren und hohen Alter verstarben. Die staatliche Gesetzgebung, die Ausdehnung der Lohnarbeit und die allmählich Schaffung von Rentensystemen liessen das chronologische Alter und die Altersgrenzen im Lebenslauf stärker hervortreten. Kohli fasst neben diesem äusseren Strukturwandel auch die subjektiven Seiten ins Auge und legt anhand der Biografieforschung nahe, dass die bewusste Perspektive auf die eigene Zeitlichkeit an Bedeutung gewann. Für die Konstituierung des neuen soziologischen Themenfelds machte er intensiven Gebrauch von der historischen Literatur. Zwanzig Jahre später – bei einem Rückblick auf sein Lebenslaufparadigma – spielte die Geschichte dagegen bloss noch eine geringe Rolle. Die Forschung zu den einzelnen historischen Indikatoren war inzwischen sicher vorangekommen, lag aber nicht mehr im Fokus dieser Gruppe.[4]

Mit anderen politischen und kulturellen Aspekten der Zeitorganisation befasste sich ein stark beachtetes Buch des Historikers Jakob Messerli von 1995.[5] Es ist eine detaillierte, quellennahe Rekonstruktion vieler temporaler Wandelerscheinungen in der Schweiz des 19. Jahrhunderts. Im südlich des Alpenkamms gelegenen Landesteil war vorerst die »italienische Zeit« gebräuchlich. Sie wies eine Stundenzählung von 1 bis 24 auf und setzte den Beginn dieser Zählung beim oder kurz nach dem Sonnenuntergang an. Die »deutsche Zeit« kannte dagegen die zweimalige Stundenzählung von 1 bis 12 und den Beginn beim höchsten Sonnenstand am Mittag. Neben dieser Differenz gab es im Land weitere Sonderzeiten, besonders die sogenannte »Basler Uhr«, die der Zeit der umliegenden Territorien eine Stunde voranging. Auf dem Weg der Eidgenossenschaft zu einem festeren Bundesstaat kam es zu einem vielschichtigen Prozess der Vereinheitlichung. Er betraf auch den Übergang von der »wahren« zur »mittleren« Zeit und von der »lokalen« zur »mitteleuropäischen« Zeit.[6] Während einige Änderungen mit Leidenschaft bekämpft wurden, kam es auf der anderen Seite zu einem

---

3 Kohli 1985; der Aufsatz ist auch in anderen Varianten erschienen (Kohli 1986a und teilweise Kohli 1986b); später wurde er mehrfach wiederabgedruckt.

4 Kohli 2003.

5 Messerli 1995.

6 Die »wahre« Zeit wurde durch lokale Messung des Sonnenhöchsstands ermittelt, die »mittlere« Zeit dagegen durch sehr gleichmässig funktionierende Uhren, welche leichte Abweichungen von der Sonnenstandsmessung anzeigten, weil die Bewegung der Erde um die Sonne nicht ganz gleichförmig verläuft.

breiten kulturellen Wandel des Zeitgebrauchs, den Messerli mit den Stichworten »gleichmässig – pünklich – schnell« zusammenfasst.[7] Ähnliche Studien wurden seither mit Erfolg in anderen Regionen durchgeführt. Ihnen kann man auch entnehmen, wie weit wir von einer flächendeckenden Behandlung des Themas entfernt sind.[8]

Schliesslich zeigt die Forschung über allgemeine Zeitvorstellungen, dass sich das Gebiet weiter entwickelt. 1999 erschien *Die Entdeckung der Zukunft* aus der Feder von Lucian Hölscher. 2016 legte der Spezialist für historische Zeittheorie eine aktualisierte und deutlich erweiterte und veränderte Auflage dieser Überblicksstudie vor.[9] Zuerst ging er davon aus, dass die Zukunftsvorstellungen seit der Aufklärung einen langfristigen Auf- und Abschwung durchliefen, von der »Periode der Entdeckung 1770–1830« bis zum »Niedergang seit 1950«. Innerhalb dieses grossen Konjunkturbogens seien kürzere Zyklen von ungefähr zwei Generationen auszumachen. In der zweiten Auflage kritisiert Hölscher dieses Modell als zu starr und zu wenig realitätsadäquat. Nach 1950 könne man nicht von einem Niedergang des Zukunftskonzepts sprechen, es handle sich vielmehr um eine »Periode der Transformation«.[10] Die Belege für diese Entwicklung wählt er aus einem weiten Spektrum von Erscheinungen der ideellen und materiellen Kultur bis hin zur Infrastruktur: »Der Bau neuer Städte wurde im 20. Jahrhundert zu einem der wichtigsten Felder gesellschaftlicher Zukunftsgestaltung. In ihre Anlage gingen die Vorstellung von Städteplanern und Architekten ein, wie die Gesellschaft der Zukunft aussehen, wie sie leben, was für soziale Beziehungen sie aufbauen, wie sie sich fortbewegen sollte und vieles andere mehr.«[11] In der neuen Fassung betont der Autor auch, wie der technikgetriebene Fortschrittsoptimismus in den 1970er Jahren mit dem Aufkommen der Umweltbewegung umkippte. Die Zukunft erhielt jetzt mehrheitlich eine bedrohliche Qualität.[12]

---

7 So der Haupttitel des Buchs.
8 Das zeigt sich besonder gut an der globalhistorisch orientierten Studie von Ogle 2015.
9 Hölscher 1999 und 2016; er war ein langjähriger Mitarbeiter von Reinhart Koselleck (vgl. Essay 4), der die Zukunft in seiner Begriffsgeschichte zum Thema machte, aber nur generalisierend behandelte.
10 Hölscher 2016, S. 324–326.
11 Hölscher 2016, S. 191–192; Kritiker bemerken, dass die Auswahlkriterien für die zahlreichen Fallbeispiele aus dem Kulturbereich unklar sind und die Zukunftsmodelle im Wirtschaftsbereich weitgehend ausgeklammert bleiben (Schmidt-Gernig 2000, S. 4; Schmieder 2019, S. 64).
12 Hölscher 2016, S. 304.

Fünf Zeitbetrachtungen kurz bilanziert

Die historische Forschung zur gemessenen, erfahrenen und wahrgenommenen Zeit ist vor allem seit den 1960er Jahren zu einem grossen, vielfältigen Gebiet geworden. Vielleicht ist sie insgesamt mehr in die Breite als in die Tiefe gewachsen. Im vorliegenden Buch wurden vor allem Aspekte auf der Konzeptebene angesprochen. Hier zur Erinnerung die Titel der Essays:

1. Trendinflation und Trendselektion – für einen kritischen Umgang mit langfristiger Geschichte
2. Synthese und Indiz. Zwei Arten von Kulturgeschichte
3. Temporalitäten und Transitionen in der europäischen Geschichte der Familie: rivalisierende Ansätze
4. Auf der Suche nach der leeren Zeit. Im Gespräch mit Lucian Hölscher
5. Ist die historische Zeit »heterogen« und »kontingent«? William H. Sewell Jr. neu befragt

Die Essays handeln von konventionalisierten Sprach- und Theoriemustern, von einzelnen Forscherbiografien und von interdisziplinären Fragen. Der erste Text untersucht das semantische Koordinationssystem, auf dessen Grundlage wir über Wandel sprechen. Im letzten Drittel des 20. Jahrhunderts, gewann die Temporalität ausser- und innerhalb der Geschichsschreibung an Dynamik, was ein geschärftes methodisches Bewusstsein gegenüber Trendbehauptungen erfordert. Als Indikator dient die massive Zunahme von zentral gesetzten Prozessbegriffen mit dem Suffix -ung, bei denen die Handlungs- oder Vorgangsbezeichung hervortreten und die Resultatsbezeichnung zurücksteht. Dank ihrer Prägnanz kommt ihnen ein eigentlicher Theorieeffekt zu. Schwieriger ist es, ihr Zusammenspiel zu bestimmen. Logisch formalisierte Allianzversuche, etwa zwischen »Sozialdisziplinierung«, »Konfessionalisierung« und »Modernisierung«, sind in der historischen Forschung ungewöhnlich und wenig erfolgreich. Aus stark akteursorientierter Sicht konnte der Aufschwung der Prozesskategorien problematisch erscheinen, weil sie eine bestimmte Entwicklungsrichtung anzeigen. So wurde vorgeschlagen, das verdächtige Suffix systematisch mit einem konträren Präfix zu bekämpfen, der »Zivilisierung« also eine »Entzivilisierung«, der »Verrechtlichung« eine »Entrechtlichung« (usw.) mitzugeben.

Zu den Feindbildern der stark akteurszentrierten Ansätze gehörte die Teleologie in der Geschichtswissenschaft, wie man sie eben auch aus manchen Trendbegriffen herauslesen konnte: Historischer Wandel hat kein vorgegebenes Ziel. Wenn es dann galt, die Zeitdimension, wie sie richtig konzeptualisiert werden sollte, in Worte zu fassen, war man jedoch in der Regel zurückhaltend. Nur einzelne wie William H. Sewell liessen sich auf die Äste hinaus und belegten die historische Temporalität mit festen Attributen (Essay 5). Er bezeichnete sie als schicksalshaft, kontingent, komplex, ereignisreich und heterogen. Während des »High Cultural Turn« erschienen diese Attribute als Mittel, um im Kontrast zu sozialgeschichtlichen Exponenten eine neue historische Identität zu definieren – was nicht heisst, dass Zeit in allgemeiner Sicht tatsächlich solche Eigenschaften aufweist. Bezeichnenderweise spricht Sewell in seinem Buch *Logics of History* fast nur von *temporality* und selten von *time*, eine Wahl, die ebenfalls gruppenspezifische Haltungen reflektiert. Das Sprechen über die historische Zeit hat sich in der Forschung stark auf die Seite der Erfahrung und Wahrnehmung verlagert, die gemessene Zeit wird vielfach nicht mitbedacht. Während Lucien Febvre noch das Begriffspaar *temps vécu* / *temps-mesure* verwendete[13] und Edward P. Thomson den Kampf um die Zeitdisziplin der englischen Arbeiter an der Einhaltung der Uhrzeit mass, ist die Bedeutung der Chronologie in den Hintergrund gerückt. Man fragt sich allerdings, wie die subjektive-kulturelle Zeit ohne natürliche und technische Zeitmesser überhaupt Konturen gewinnt und zu fassen ist. Lucian Hölscher weist darauf hin, dass die Chronologie auch tiefere Bedeutungen bei der Unterscheidung von Fiktivem und Faktischem haben kann (Essay 4).

Der sozialwissenschaftliche Zeittheoretiker Andrew Abbott verwendet beides, *temporality* und *time*. Was man an seinem Entwurf mit Gewinn studieren kann, ist ein methodisch durchdachtes, auf innere Logik zugeschnittenes Vokabular. Die zentralen Ausdrücke (Ereignis, Narrativ, Vergangenheit, Periode/Periodisierung, Sequenz, Temporalität, Zeit, Trajektorie, Wendepunkt) werden nach allen Seiten geprüft und weiter differenziert (Essay 3). Historiker und Historikerinnen sind vielleicht erstaunt, dass »Periodisierung« im Basisvokabular erscheint. In der historischen Praxis fehlt es dieser ja an theoretischer Dignität. Wie Jürgen Osterhammel bemerkt, fällen wir im Alltag dauernd Periodisierungsentscheide, in Fachdebatten scheuen jedoch viele davor zurück.[14] Zeitschemen werden eher tradiert als wissenschaftlich diskutiert. Auf viel Zuspruch kann man bei diesen komplexen und manchmal sehr spezialisierten Fragen nicht hoffen. Periodisierungen sind Konventionen, eine Art Sprachregelung der Historiografie, und müssen sich gleichzeitig auf die Empirie beziehen. Aber wie genau? Sicher nicht, indem man dazu schweigt. Vielleicht gehören Vorschläge zur Periodisierung sogar zu den wichtigen Exportprodukten der Geschichtswissenschaft, was ihnen aus interdisziplinärer Sicht einen anderen Status geben könnte (vgl. unten).

---

13 Febvre 1947, S. 326–434, v. a. 431.
14 Osterhammel 2006a, S. 45–50; ein Aufsatz über die Periodisierung der Neuzeit von Erich Landsteiner beginnt wohl nicht ganz zufällig mit der Schilderung eines Zahnarztbesuchs (2001, S. 17).

Mehrere Essays des Buchs versuchen durch biografische Skizzen die Umstände in Erfahrung zu bringen, unter denen Protagonisten dieser Diskussion zu ihren Aussagen kamen. Mehr oder weniger detailliert geht es um Phasen in der wissenschaftlichen Laufbahn von Norbert Elias, Andrew Abbott, Philippe Ariès, William H. Sewell und Reinhart Koselleck.[15] Es gehört zu den Methoden des historischen Fachs, durch Rekonstruktion und Vergegenwärtigung der Entstehungsmomente, die wissenschaftlichen Werke auch als Produkt von Entscheidungen auszuweisen. Unter Umständen wären andere Entscheidungen möglich gewesen. Das Verhältnis von Diskursbezug in allen Schattierungen bis hin zur Polemik und von Sachbezug in seinen unterschiedlichen Formen ist besser abschätzbar, wenn man sich auf solche Momente einlässt.[16] So kann es etwa aufschlussreich sein, ob ein Forscher das Paper vor oder nach einer Konferenz verfasste, oder ob die Einleitung eines Buchs am Anfang oder am Ende der Schreibarbeit entstand. Gewollt unkonventionell war das Vorgehen von Andrew Abbott, der eine soziologische Konferenz in Norwegen im Jahr 1994 zum Anlass oder Vorwand nahm, um ausgewählte Werke von subjektiv fundierter Philosophie mit einer dort aufgeschnappten Lokalgeschichte zusammenzubringen und daraus allgemeine Schlüsse über die Zeit abzuleiten (Essay 3).

Wer die Zeitforschung nach ihrer disziplinären Verteilung betrachtet, kommt rasch zur Einsicht, dass temporale Phänomene in den meisten Fächern eine Rolle spielen, von der Astronomie bis zur Zellbiologie.[17] Im Umfeld der Geschichswissenschaft werden sie diskutiert in der Philosophie, Psychologie, Soziologie, Politologie, Anthropologie, Sprach- und Literaturwissenschaft, Ökonomie und in Dutzenden weiterer Fächer. Der systematische und synchrone Gedanke kann den diachronen Gedanken zurückdrängen, aber nicht völlig ersetzen. Hier geriet nur ein kleiner Ausschnitt ins Blickfeld. Auffälligerweise sind wir nirgends auf die Zweige der Psychologie gestossen, die sich heute mit der Zeitwahrnehmung der Menschen befassen. Sie prüfen unter anderem die Altersabhängigkeit der gefühlten Zeit, etwa die Alltagstheorie, dass Zeit im Alter schneller vergehe als in der Jugend. Anders als die Geschichtswissenschaft kann sich die Psychologie ihre Evidenz selbst schaffen, indem sie mit standardisierter Methodik Hunderte von Personen testet oder befragt.[18] Historiker geben zu bedenken, dass diese Daten

---

15 Koselleck andeutungsweise in den Essays 1 und 4, etwas ausführlicher hier unten im Abschnitt über »Beschleunigung«.

16 Vgl. etwa Kohli 1981, 432.

17 Ein Teil dieses Fächerspektrums wird in der interdisziplinären Zeitforschung sichtbar, vgl. Fraser 1966 und unten S. 112.

18 Kasten 2001; Wittmann 2014; laut Wittmann hat die psychologische Forschung einen moderaten durchschnittlichen (nicht alle betreffenden) Zusammenhang zwischen dem Alter bis zum 60. Lebensjahr und der beschleunigten retrospektiven Zeitwahrnehmung festgestellt, der mit der abnehmenden Erlebnisdichte bzw. zunehmenden Routine zusammenhänge; pro-

nur unter spekulativen Annahmen für frühere Perioden als vollgültige Evidenz anerkannt werden können. Umgekehrt gibt es unter den psychologischen Fachleuten kritische Stimmen, welche die Komplexität des Zeitbewusstseins unterstreichen und die soziologische und historische Literatur für undifferenziert halten. Es sei unverzichtbar, die kognitiven, emotionalen und handlungsbezogenen Komponenten des Bewusstseins auseinanderzuhalten, empirische Minimalkritierien zu berücksichtigen und vorschnelle Bewertungen zu vermeiden.[19]

Laufzeiten der Theorie

Besonders intensiv hat sich William H. Sewell mit interdisziplinären Debatten zwischen Geschichte, Soziologie und Anthropologie befasst. Sein Verdikt ist klar: »Theory has a strikingly less central place in history than in the social science disciplines.« (Essay 5). Sewell teilt uns in seinem umfangreichen Buch allerdings nicht mit, was genau eine Theorie ist. Einleitend werden nur einige allgemeine Charakteristika angeführt, aus denen man schliessen kann, dass die theoriearme Geschichtswissenschaft als »deskriptiv«, aber nicht »erklärend« (explanatory) gelte und dass sie das Implizite gegenüber dem Expliziten und das Besondere gegenüber dem Allgemeinen bevorzuge. Dem geringen Grad an systematischer Artikulation wollte er mit seinem Werk abhelfen. In seinen Essays – vor allem den späteren – erscheinen neben dem Ausdruck »Theorie« noch eine Reihe anderer Wörter, die man dem gleichen Feld zuordnen und als Ergänzungen, Konkurrenten oder Nachfolger von *theory* betrachten kann: *concept, conceptual schema, model, paradigm, explanatory paradigm, form of explanation.*[20] Sewell fragt nicht nach der Struktur dieses Wortfelds und nimmt an, dass die Lesenden mit ihrem akademischen Vorwissen die Bedeutung der einzelnen Ausdrücke erschliessen können.

Die neue Kulturgeschichte hat mit Erfolg begonnen, »Theorie« auch als Textgattung zu verstehen und zu historisieren. Es gibt eine Sorte von Texten, die von den Autoren, den Herausgebern und/oder von der akademischen und allgemeinen Öffentlichkeit mit dieser Etikette belegt werden, so wie andere Texte etwa als »Erzählung« daherkommen. Verstanden als Gattung, gelangen Gebrauchsweisen und Bedeutungen der Theorie in den Blick, die über die inhaltlichen Diskurse hinausgehen, deren Form und Entwicklung aber erheblich be-

---

spektiv kann das Zeitgefühl betagter Personen gerade umgekehrt durch Verlangsamung der Zeit infolge monotoner Tagesabläufe gekennzeichnet sein (S. 97–109).

19 Kasten 2001, S. 113.
20 Sewell 2005, v. a. S. 3–6, 332. 338, 346–348.

einflussen können. Nachfrageseitig unterlag dieses Genre im 20. Jahrhundert kräftigen Konjunkturen. In den 1960er bis 1980er Jahren, die Philipp Felsch in *Der lange Sommer der Theorie* eindringlich schildert, war »Theorie« in links politisierten Milieus und weit darüber hinaus nicht nur ein Ensemble von allgemeinen Sätzen, sondern »ein Wahrheitsanspruch, ein Glaubensartikel und ein Lifestile-Accessoire«.[21] Das Abklingen dieser emphatischen Theoriekultur gegen Jahrhundertende lässt sich auch mit der allgemeinen Häufigkeit der Wortverwendung in Verbindung bringen. Der Ngram Viewer von Google Books basiert auf Millionen von digital lesbar gemachten Druckschriften und erlaubt diachrone Wortfrequenz-Abfragen für mehrere Sprachen. Im deutschen Korpus sank die Verwendung von »Theorie« von 1975 bis in die 2000er Jahren um über ein Drittel. Dafür legte der zurückhaltende Ausdruck »Modell« um mehr als die Hälfte zu. Im Englischen war der Rückgang der »Theorie« weniger ausgeprägt, aber *model* überholte *theory* schon in den 1980er Jahren.[22] Vor diesem Hintergrund verliert das Defizit an Theorie, das Sewell bei der Historiografie diagnostizierte und beheben wollte, heute an Schärfe. Einen Modellcharakter kann man wohl vielen historischen Werken beimessen.

So wie die Gattung lassen sich auch einzelne Werke des Theorie-Kosmos anhand von zeitlichen Eigenheiten aufschlüsseln. In unserem Sample von Autoren und Ansätzen fallen Norbert Elias und Andrew Abbott mit ihrer langgestreckten Temporalität auf. Elias Hauptwerk *Über den Prozess der Zivilisation* erschien 1939 in Basel und blieb jahrzehntelang wenig beachtet (Essay 2). Die Entdeckung erfolgte erst 1976 mit der Aufnahme in das Theoriesortiment der Suhrkamp Taschenbücher. Bald explodierte das Interesse in Deutschland und einigen anderen Ländern. Man befand sich im Spätsommer der Theorie. Das Angebot des Buchs war jedoch wesentlich älteren Datums. Der Autor griff mit »Zivilisation« einen Begriff auf, der seit dem späten 18. Jahrhundert Karriere gemacht und die europäischen Gesellschaften auf ihrer imperialistischen Expansion begleitet hatte. Zur Zeit von Elias' Durchbruch hatte der aufgeladene Ausdruck seinen Zenit längst überschritten. Gleichwohl schaffte es der Theoriehunger, genährt auch im Feuilleton und ausserakademischen Milieu, das zweibändige Werk zu einem Bestseller zu machen. Für die Rezeption in der historischen Forschung hat Peter Burke drei Phasen skizziert: Begeisterung – Kritik – Assimilation. Wie lange die letzte Phase anhält, wissen wir nicht; ein Rückgang scheint um 2000 eingesetzt zu haben.[23] Was die Zeit dagegen überdauert, sind die Manierenbücher der frühen Neuzeit, die Elias für seine Demonstration des Sittenwandels benutzte, ohne die Standards der historischen

---

21 Felsch 2015, S. 12; Felsch 2016.
22 https://books.google.com/ngrams, am 5.3.2020.
23 Burke 1997b, S. 69.

Quellenkritik zu beachten.[24] Interdisziplinarität bleibt ein Abenteuer. Es wird auch gesagt, dass dabei oft ein typischer *time lag* auftritt, weil die Kommunikation innerhalb eines Fachs schneller und kontinuierlicher verläuft als zwischen den Fächern.[25]

Als recht exotisches interdisziplinäres Abenteuer kann man die Theoretisierung von Zeit betrachten, die Andrew Abbott nach dem erwähnten soziologischen Kongress von 1994 in Norwegen unternahm (Essay 3). Mit gewollt willkürlicher Methodik brachte er eine zufällig in Erfahrung gebrachte Geschichte (nämlich die Erfindung der Harpunenkanone für den Walfang durch einen Norweger um 1870) mit drei bekannten Werken der Zeitphilosophie zusammen. Es waren dies der *Essai sur les données immédiates de la conscience* von Henri Bergson (1889), der postum zusammengestellte Band *The Philosophy of the Present* von Georg Herbert Mead (1932) und *Process and Reality* von Alfred North Whitehead (1929). In einer autobiografischen Passage erinnert sich Abbott, dass er die Lektüre jeweils mit äusserster Anstrengung frühmorgens bewältigt habe. Ein scharfzüngiger Soziologe insinuiert in einer Rezension, dass die Auswahl davon bestimmt gewesen sei, möglichst Fernliegendes, von niemand anderem Gelesenes zu berücksichtigen.[26] Nach dem Exerzitium stellte Abbott jedenfalls fest, Zeit sei indexikalisch (zentriert auf die wahrnehmende Person), multipel (von verschiedenen, überlappenden Umfängen) und inklusiv (umfangmässig rangiert, aber immer konzentrisch).

Diese Attribute unterscheiden sich erheblich von der Zeitbeschreibung von William H. Sewell, der wie Abbott in der Social Science History Association tätig war, in Chicago mit ihm gemeinsame Lehrveranstaltungen durchführte und zufällig an der gleichen Konferenz in Norwegen teilnahm. Natürlich kann man zwischen den drei Adjektiven von Abbott und den fünf Adjektiven von Sewell[27] auch Parallelen entdecken. Eine wichtige Differenz bestand aber schon bei der Herkunft des Wissens und beim Zielpublikum. Abbott bediente sich in der Philosophie und addressierte fast exklusiv die Soziologie. Sewell machte sich im näheren Umfeld der Geschichte kundig und sprach auch zu Historikern und Historikerinnen. Sein Anliegen war es, ihrer Forschung zu einer theoretischen Sprache zu verhelfen, die es ihnen ermöglichen sollte, mit den Sozialwissenschaften auf Augenhöhe zu verkehren. Im Anschluss an diese Forderung nach neuen Austauschverhältnissen lässt sich fragen, wie ein Export von historischen Zeitmodellen in andere Disziplinen aussehen könnte. Dabei fällt der Blick auf Reinhart Koselleck.

---

24 Schwerhoff 1998, S. 573.
25 Etwa Sabean 1983, S. 163.
26 Abbott 2001, S. 22–23; Sica 2017, S. 295.
27 Wie oben gesagt: schicksalshaft, kontingent, komplex, ereignisreich und heterogen.

Transformation der »Beschleunigung«

Koselleck sprach in den 1970er Jahren von der Theoriebedürftigkeit der Geschichte und plante eine Theorie der historischen Zeit. Darin spielte die neue Zukunftsorientierung und die Beschleunigung in der Moderne eine zentrale Rolle. Nachdem er sich mit verschiedenen Werken einen Namen gemacht und 1979 die Aufsatzsammlung *Vergangene Zukunft* bei Suhrkamp veröffentlicht hatte, hielt ihn der Verleger Siegfried Unseld an, auch weitere Vorträge und Aufsätze gebündelt zugänglich zu machen. In der Sammlung *Zeitschichten* von 2000 erschien endlich ein Text mit der Titelfrage: »Gibt es eine Beschleunigung in der Geschichte?« Er ging zurück auf einen Vortrag von 1976 und war seit langem angekündigt worden.[28]

Der Text beginnt mit einem Eisenbahngedicht (*Das Dampfross*) von 1830 und dem Schock, den die Geschwindigkeit des neuen Verkehrsmittels ausgelöst habe. Die Erfahrung von Beschleunigung, auch angetrieben durch eine neue Unvorsehbarkeit der Zukunft, sei in den 1830er und 1840er Jahren von einmaliger Stärke gewesen: »Selbst unsere heute lebende Generation, Zeugin der Mondfahrt und der Sputniks, der Fensehdirektübertragung, der Raketen und der Düsenflugzeuge, hat keinen solchen Erfahrungsschub erlitten wie die Generation des Vormärz. Es ist so, als sei das Abheben vom Boden das eigentliche Erlebnis – nicht der Flug selber und dessen Beschleunigung. Offenbar können auch sich beschleunigende Abläufe zur Gewohnheit werden.«[29] Im Fortgang des Aufsatzes wird die Datierung der Beschleunigung jedoch viel komplexer. Ein erster Abschnitt behandelt den Einfluss von technischen Faktoren auf die Zeiterfahrung anhand eines Überblicks zur Geschichte der Zeitmessung, der Verkehrsmittel und der industriellen Produktion. Überall zeichnen sich seit dem 18. Jahrhundert Akzelerationserscheinungen ab. Ein zweiter Abschnitt greift geistesgeschichtliche Vorstellungen auf, die schon vorher »so etwas wie geschichtliche Beschleunigung« beinhalteten. Alten Datums ist sie als Erwartung der Zeitverkürzung in der jüdisch-christlichen Tradition der Apokalypse und Heilslehre. Seit dem 16. Jahrhundert fielen ihr durch Naturwissenschaft und Säkularisierung neue, auch politische Gehalte zu. Erst seit der industriellen Revolution sei die Erwartung aber zu einer gesättigten Erfahrung geworden. Mit dem verzeitlichten Geschichtsbewusstsein brach eine offene Zukunft an.[30]

---

28 Koselleck 2000, S. 150–176; eine frühere, teilweise textidentische Version ohne Fussnoten: Koselleck 1985; mehr oder weniger ausführlich wird das Thema von Koselleck auch in weiteren Texten angesprochen.
29 Koselleck 2000, S. 152–153.
30 Koselleck 2000, S. 153–176.

Koselleck ist vielfach kritisiert worden.[31] Doch er hatte neben Edward P. Thompson die grösste Ausstrahlung und verhalf dem Thema zu einem hohen Status in der allgemeinen Debatte. Am Beispiel seiner Beschleunigungsthese ist daher besonders gut zu beobachten, was bei der Übernahme eines historischen Zeitmodells in andere Referenzsysteme geschehen kann. Die Beobachtung erfolgt hier in einem Doppelschritt: zuerst mit einem kurzen Schritt von Kosellecks Begriffsgeschichte zur Globalgeschichte; dann auf grössere interdisziplinäre Distanz weiter zur Soziologie.

In seinem Standardwerk zur Globalgeschichte des langen 19. Jahrhundert diskutiert Jürgen Osterhammel die Frage, ob Kosellecks »Sattelzeit« (von 1770 bis 1830) als Übergangsperiode zwischen dem alten und neuen Europa auch in weltweiter Perspektive sinnvoll anwendbar sei. Die geringste Gleichzeitigkeit zwischen verschiedenen Weltgegenden ortet er auf kulturellem Gebiet. »Über den Erfahrungswandel artikulierter Minderheiten um 1800, wie er Kosellecks Konzept der ›Sattelzeit‹ zugrunde liegt, wissen wir aus nicht-okzidentalen Zusammenhängen erst wenig.« Ausserhalb Europas und seiner Siedlungskolonien lasse sich die Erfahrung einer allgemeinen Beschleunigung des Lebens bisher nur schwer nachweisen und dürfte sich gehäuft erst in der zweiten Jahrhunderthälfte finden.[32] Später fragt Osterhammel in einem Abschnitt zur Beschleunigung nach ihrer weltweiten Verbreitung im Übergang zum 19. Jahrhundert. Die technische Geschwindigkeitsrevolution sei bis zum Ersten Weltkrieg für die Mehrheit der globalen Bevölkerung prinzipiell (nicht unbedingt tatsächlich) zur geteilten Erfahrung geworden. Weniger zuversichtlich könne dies von der verzeitlichten Weltdeutung gesagt werden, die zu Kosellecks Thesen gehört. Die beschleunigte Geschichtserfahrung stehe nur in lockerem Zusammenhang mit der physischen Beschleunigung des Reisens und Kommunizierens. Anders als diese sei sie nicht universal gewesen.[33]

Insgesamt ist dies eine plausible, zurückhaltende und etwas schematische Koselleck-Lektüre. Den Erfahrungswandel ortet Osterhammel selbst in Europa nur bei schriftbewussten (»artikulierten«) Minderheiten, was gegenüber dem generalisierenden Ausgangstext eine markante Einschränkung des Geltungsbereichs bedeutet. Der Take-off der Beschleunigung, den Koselleck für den Vormärz diagnostiziert, bleibt aber ebenso unerwähnt wie die lange Dauer der Akzeleration in ihren verschiedenen Schichten seit dem 16. Jahrhundert.

---

31 Kosellecks Biograf nennt seine Arbeitsweise unsystematisch und das Werk unabgeschlossen; Koselleck sei seinen Versuchen zur Theoretisierung der historischen Zeit selbst mit einer gewissen Ambivalenz und Skepsis gegenüberstanden (Olson 2012, v. a. 308, 220, 226, 232, 239).
32 Osterhammel 2011, S. 102–109,
33 Osterhammel 2011, S. 126–129.

Anders ist der Umgang mit Koselleck beim Soziologen Hartmut Rosa, der 2005 eine umfangreiche Habilitationsschrift unter dem Titel *Beschleunigung. Die Veränderung der Zeitstrukturen in der Moderne* vorlegte. Sein Buch ist ein Versuch, die Dynamisierung gesellschaftlicher Verhältnisse, wie sie sich jüngst in der Welle von Digitalisierung und Globalisierung gezeigt habe, systematisch zu theoretisieren und nach ihren langfristigen Ursachen und Auswirkungen zu analysieren. Koselleck war für Rosa eine wichtige Inspirationsquelle, aber auch eine Quelle des Kopfzerbrechens. In einem persönlichen Schreiben vom 26. November 2001 teilte ihm Koselleck mit, seinem Forscherkreis sei es bis dato nicht gelungen, die Beschleunigung auf empirisch gesättigte Weise zu unterbauen.[34] Den Koselleck der *Zeitschichten* von 2000, der komplexer war und weniger forsch auftrat als der bekannte Koselleck der *Vergangenen Zukunft* von 1979, scheint Rosa mit gemischten Gefühlen gelesen zu haben. Mühe bereitete ihm vor allem die skizzierte Umstellung des Zeithorizonts im 18. Jahrhundert, die auf zirkuläre Art erklärt werde, nämlich als Explans wie als Explanandum. »Meines Erachtens wurzelt Kosellecks Erklärungsnot darin, dass er für seinen eindeutigen Befund der Wahrnehmung geschichtlicher Beschleunigung in der Sattelzeit nach empirischen Gründen nur in Form technischer Beschleunigung sucht, die davon getrennten Möglichkeiten einer Beschleunigung des Lebenstempos und des sozialen Wandels aber übersieht.«[35]

Man muss diese Interpretation vor dem Hintergrund von Rosas Begriffssystem sehen. Er unterscheidet drei Dimensionen der Beschleunigung: die technische, diejenige des sozialen Wandels und diejenige des Lebenstempos. Zusammen formen sie sich im Diagramm zu einem symmetrischen Dreieck, dem an jeder Ecke ein »externer Motor« zugeschaltet ist.[36] Rosa will die Beschleunigung als dominanten Prozess etablieren, welcher über und hinter der Globalisierung und der Modernisierung steht. Letztere zerfällt für ihn in die Basisprozesse der Differenzierung, Rationalisierung, Domestizierung und Individualisierung – ein klassisches Viereck von arrangierten ung-Termini.[37] Aus Erfahrung würde man einer solchen logischen Konstruktion in der Geschichtswissenschaft eine kurze Halbwertszeit voraussagen (Essay 1). Doch das Getriebe der Sozialphilosophie und Soziologie scheint anders zu funktionieren. Jedenfalls hat Rosas *Beschleunigung* schon über zehn Auflagen hinter sich. Kosellecks *Vergangene Zukunft* brachte es bisher »nur« auf neun Auflagen und seine *Zeitschichten* lediglich auf drei. Der eklatante Erfolg von Rosa verdankt sich bestimmt auch seiner politi-

---

34 Rosa 2005, S. 58, Fn. 90.
35 Rosa 2005, S. 398–399, Fn. 20.
36 Rosa 2005, S. 124–138, 309.
37 Rosa 2005, 105–111, 338, 431.

schen Botschaft. Er plädiert gegen akzelerationsbedingte Entfremdung und für eine Entschleunigung.[38]

Die dichtesten Hinweise auf Beschleunigungserfahrungen findet der Autor in den Jahrzehnten um 1900 und im späten 20. Jahrhundert, beides Zeiten schubartiger Globalisierung.[39] Doch wichtiger als solche »nervöse«, »hektische« Perioden ist ihm der übergeordnete Prozess, mit dem er die gesamte Moderne seit gut zwei Jahrhunderten theoretisch neu bestimmen will. Es ist bezeichnend, dass er das Take-off-Argument von Koselleck nur beiläufig erwähnt und nicht methodisch diskutiert.[40] Wenn die wahre Erfahrung der Beschleunigung nur beim Abheben des Flugzeugs zu haben ist und nicht mehr bei den weiteren Beschleunigungen in der Luft, verfügt Rosas langfristige Akzeleration über ein limitiertes Erfahrungspotenzial. Der Akzent liegt also ganz anders als bei Koselleck. Offenbar hat sich dessen »Beschleunigung« beim interdisziplinären Transfer in ein anderes Phänomen verwandelt.[41] Allgemein dürfte der Begriff ein Kandidat sein für die Aufnahme ins Wörterbuch der *concepts nomades*, die vielerorts zirkulieren und immer wieder neu interpretiert und an die jeweiligen Wissensbestände angepasst werden.[42]

Für eine zeitbewusste historische Praxis

Als ich vor zwanzig Jahren mit der Arbeit am ersten dieser Essays zu Zeit und Zeitperzeption begann, hatten wir noch den Slogan der Punkbewegung in den Ohren: *No Future*. Mit der Klimajugend und ihren *Fridays for Future* sind die Zukunftssorgen gegenwärtig nicht kleiner, doch die Bereitschaft, sich für kommende Jahrzehnte und Jahrhunderte zu interessieren und zu engagieren, hat bedeutend zugenommen. Unterdessen ist die Zukunft auch institutionell stärker verankert. Es gibt jetzt Staaten mit einem Ombudsmann oder mit parlamentarischen Gruppen für künftige Generationen. Von mehreren Seiten wurde die Einrichtung eines *UN High Commissioner for Future Generations* angeregt.[43] Ich habe mich zwischen »No Future« und »Fridays for Future« von Berufs wegen für

---

38 Der politische Aspekt wird weiter ausgeführt in Rosa 2013.
39 Rosa 2005, S. 82–86.
40 Rosa 2005, S. 85.
41 Für eine differenzierte historische Aufarbeitung von Beschleunigungsphänomenen sind empirisch orientierte Studien anregender, etwa die von Rosa kritisierte, aber oft als Beleg verwendete *Landkarte der Zeit* von Levine (1998). Indem sie über die westlichen Industrieländer hinausgreift und weniger durch hergebrachte Ideen über »die Moderne« behindert wird, vermag sie Faktoren einzugrenzen, die das Tempo auch in früheren Perioden erhöhen konnten wie die Bevölkerungsverdichtung und die Bildung von Grossstädten.
42 Christin 2010.
43 Möckel 2020.

die Vergangenheit interessiert. Sie war nicht ohne Zukunftsvorstellungen zu haben, im Zentrum standen aber konkrete Probleme der historischen Forschung und Vermittlung. Dazu gehörte die Frage nach der Position der Geschiche in einem grösseren Fächerspektrum und nach der Rolle, welche die Zeit als ein Zentralbegriff spielen könnte.

Der *International Society for the Study of Time ISST* bin ich allerdings nicht beigetreten, schon weil ich lange nicht wusste, dass es sie überhaupt gibt. Gegründet 1966, veranstaltete sie ihre erste Konferenz drei Jahre später im Mathematischen Forschungsinstitut Oberwolfach im Schwarzwald. Gründer und langjähriger Sekretär des ISST war der in die USA emigrierte ungarische Phyiker, Ingenieur und Erfinder Julius Thomas Fraser (1923–2010). Er absolvierte später ein sozialwissenschaftliches Zweitstudium und edierte schon vor der Dissertation das voluminöse Überblickswerk *The Voices of Time: A Cooperative Survey of Man's Views of Time as Expressed by the Sciences and the Humanities (1966).* Nachher ging es im schnellen Rhythmus weiter mit Büchern, Artikeln und der Herausgabe von Tagungsbänden. Sein letztes Buch erschien 2007 unter dem Titel *Time and Time Again: Reports from a Boundary of the Universe mit zahlreichen Aufsätzen aus seinem »integrierten« Zeit-Lebenswerk.*[44] 1992 hatte Fraser die Genugtuung, zur ersten Ausgabe des neu gegründeten Journals *Time and Society* einen Willkommensgruss beizusteuern zu dürfen. Das Journal gibt sich professionell und betont inter- und transdisziplinär. Anders als in der frühen Phase dieser Zeitdebatte, in welcher Gebiete wie Physik, Philosophie und Psychologie dominierten, liegt der Akzent jetzt bei den Sozial- und Kulturwissenschaften. Ab und zu steuern auch Historiker einen Artikel zum Journal bei. Das Bedürfnis nach Interaktion scheint jedoch weder seitens der Geschichte noch seitens dieser bunten Zeitforschung gross zu sein.[45]

Das dürfte seine Gründe haben. William H. Sewell hat sicher recht, dass Historiker und Historikerinnen oft über ein grosses implizites Wissen zur Temporalität in ihren Spezialgebieten verfügen und selten den Drang zu deren Verallgemeinerung verspüren. Sein eigener interessanter Versuch, solche Wissensbestände explizit zu machen und zu theoretisieren, um Kollegen aus anderen Fächern davon zu überzeugen, hat aber meines Erachtens wenig Aussicht auf dauerhaften Erfolg. Es ist unwahrscheinlich, dass sich Soziologen oder Anthropologinnen bloss durch einen terminologischen Vorschlag – gewissermassen einen historische Zeitpfeil – bewegen lassen, Zentralbegriffe wie »Struktur« und »Kultur« zu revidieren. Wenn sie diese Konzepte einer temporalen Kur unterziehen, dann meistens aus eigenem Antrieb. Disziplinen haben ihre eigene Dynamik und interdisziplinäre Transfers sind nicht einfach. Das zeigt nicht nur die

---

44 Fraser 1966; Fraser 2007.
45 https://journals.sagepub.com/home/tas, am 9.3.2020.

eben erwähnte Verwandlung der »Beschleunigung« im Übergang von der Geschichte zur Soziologie. Man kann sich auch fragen, ob es wirklich nötig ist, die historische Zeit mit einem Set von festen Attributen auszustatten, das sich nicht zuletzt aus Gegendiskursen ergibt (»heterogen«, »kontingent« usw.). Andere werden aus anderen Diskurszusammenhängen andere Attribute applizieren, und wir besitzen kaum Entscheidungsmethoden. Wie die Erfahrung lehrt, ist die Möglichkeit zur robusten humanwissenschaflichen Theoretisierung beschränkt.

Statt sich auf die Theorie und mit ihr verbundene Megatrends zu konzentrieren, deren allgemeiner Marktwert auch schon höher lag, könnte man anderen Ebenen der Historie grössere Beachtung schenken. Ich nenne hier drei Punkte.

Erstens die *Periodisierung:* Sie verdient besonders auch aus interdisziplinärer Sicht mehr Aufmerksamkeit als ihr in allgemeinen Reflexionen oft zukommt. Die Periodisierung hält uns an, dem impliziten Wissen über Zeitphänomene sprachlichen Ausdruck zu geben. Auch wenn Periodisierungen konventionell sind, bieten die Übereinkünfte eben nützliches, unabdingbares Orientierungswissen. Keine Fach ist besser geeignet, diese Orientierung zu geben, als die Geschichtswissenschaft. Man sollte den Austausch zwischen verschiedenen Fächern einmal auf diesen Punkt hin untersuchen. Ich gehe davon aus, dass sich das historische Fach bei der Periodisierung als besonders nützlich erweist.

Zweitens die *Mikroperspektive:* Im historischen Detail kann sich eine ganze soziale Welt spiegeln. Das ist sein Indizienwert. Ein hoher Indizienwert regt das Vorstellungsvermögen an und destabilisiert die Hierarchie zwischen Mikro und Makro. Meines Erachtens ist dieses Genre von Geschichte besonders dann von Interesse, wenn es sich bewusst auf die Zeitachse bezieht (Essay 2). Das ist bei weitem nicht immer der Fall – Mikrogeschichten erscheinen oft als Reise in ein fremdes Reich im chronologischen Niemandsland. Wenn es aber gelingt, im Detail nicht nur eine soziale Welt, sondern auch deren Temporalität zu spiegeln, verliert es den anekdotischen Charakter und gewinnt an historischem Profil.

Drittens die *interdisziplinäre Solidarität:* Zeitbezogene Forschung erfolgt in vielen Formen und vielen Disziplinen. Auch wo der Wille zur einfachen Logik und zum unmittelbaren Gegenwartsbezug den diachronen Gedanken zurückdrängt, ganz zu ersetzen ist er in der Regel nicht. Anstatt uns in Abgrenzung zu üben und um eine gruppenspezifische »historische« Temporalität zu scharen, sollten wir in meiner Sicht genügend Neugier und Solidarität für alle diejenigen Formen aufbringen, welche die Chronologie als kausalen Faktor in Betracht ziehen. Das heisst nicht, dass die »Pfadabhängigkeit« das Mass aller Dinge ist. Genau so wichtig ist die »Kontextabhängigkeit«, die uns die Diskontinuitäten anzeigt. Doch für eine zeitbewusste historische Praxis braucht es beide.

Entwurf der Persischen Jahrformen.

Namen und Folge der Monate	Nabonassar- und Jezde- dsjerd. J. ohne Einschalt.	Nabonassa- risches Jahr mit Einschalt.	Dschelaleddi- nisches Son- nenjahr.	Moham- medisch. Mondj. von 354 u. 355 T. siehe §. 220.
1. Farwardin	30 T.	30 T.	30	
2. Ardibehescht	30	30	30	
3. Chordad —	30	30	30	
4. Tir —	30	30	30	
5. Amerdad —	30	30	30	
6. Schahriwer	30	30	30	
7. Meher —	30	30	30	
8. Aban —	30	30	30	
9. Ader —	30	30	30	
10. Din —	30	30	30	
11. Bahman	30	30	30	
12. Sefendarmad	30	30	30	
Musteraka	5	5	5	

Gesamte Tagsume = 365

Gemeines Jahr = 365 T.   365 T.
Schaltmonat = 30
Schaltjahr = 395 T.

Schalttag = 1 T.
Schaltjahr = 366 T

Die persischen Jahrformen. Gatterer: Chronologie, 1777, S. 242.

Bibliografie

Abbott, Andrew: History and Sociology: The Lost Synthesis, in: Social Science History 15/2 (1991), S. 201–238.

Abbott, Andrew: Time Matters. On Theory and Method, Chicago 2001 (deutsch: Zeit zählt. Grundzüge einer prozessualen Soziologie, Hamburg 2020).

Abbott, Andrew: Processual Sociology, Chicago 2016.

Adams, Henry: The Education of Henry Adams, in: derselbe, Novels, Mont Saint Michel, The Education, hg. von Ernest und Jayne N. Samuels, New York 1983, S. 717–1181.

Albera, Dionigi; Luigi Lorenzetti; Jon Mathieu (Hg.): Reframing the History of Family and Kinship: From the Alps towards Europe, Bern 2016.

Anderson, Robert T.: Changing Kinship in Europe, in: Kroeber Anthropological Society Papers 28 (1963), S. 1–48.

Ariès, Philippe; Georges Duby (Hg.): Geschichte des privaten Lebens, 5 Bde., Frankfurt a. M. 1989–1993.

Bianconi, Sandro: I due linguaggi. Storia linguistica della Lombardia svizzera dal '400 ai nostri giorni, Bellinzona 1989.

Blanchard, Philippe; Felix Bühlmann; Jacques-Antoine Gauthier (Hg.): Advances in Sequence Analysis. Theory, Method, Applications, New York 2014.

Bloch, Marc: Apologie pour l'histoire ou Métier d'historien, Paris 2002 (erste Auflage 1949).

Bogner Ralf G.; Christa Müller: Arbeiten zur Sozialdisziplinierung in der Frühen Neuzeit. Ein Forschungsbericht für die Jahre 1980–1994, in: Frühneuzeit-Info 7 (1996), S. 127–142, 240–252.

Bogner, Artur: Zivilisation und Rationalisierung. Die Zivilisationstheorien Max Webers, Norbert Elias' und der Frankfurter Schule im Vergleich, Opladen 1989.

Braudel, Fernand: Écrits sur l'histoire, Paris 1969.

Breuer, Stefan: Sozialdisziplinierung. Probleme und Problemverlagerungen eines Konzepts bei Max Weber, Gerhard Oestreich und Michel Foucault, in: Christoph Sachße und Florian Tennstedt (Hg.), Soziale Sicherheit und soziale Disziplinierung. Beiträge zu einer historischen Theorie der Sozialpolitik, Frankfurt a. M. 1986, S. 45–69.

Breuer, Stefan: Gesellschaft der Individuen, Gesellschaft der Organisationen. Norbert Elias und Max Weber im Vergleich, in: Karl-Siegbert Rehberg (Hg.), Norbert Elias und die Menschenwissenschaften. Studien zur Entstehung und Wirkungsgeschichte seines Werkes, Frankfurt a. M. 1996, S. 303–330.

Bridel, Philippe-Sirice: Glossaire du patois de la Suisse Romande, Lausanne 1866.

Burguière, André; Christiane Klapisch-Zuber; Martine Segalen; Françoise Zonabend (Hg.): Histoire de la famille, 2 Bde., Paris 1986.

Burke, Peter: History and Social Theory, Cambridge 1992.

Burke, Peter: Varieties of Cultural History, Cambridge 1997a.

Burke, Peter: Zivilisation, Disziplin, Unordnung: Fallstudien zu Geschichte und Gesellschaftstheorie, in: Nada Boskovska Leimgruber (Hg.), Die Frühe Neuzeit in der Geschichtsswissenschaft. Forschungstendenzen und Forschungserträge, Paderborn 1997b, S. 57–70.

Carr, Edward Hallett: Was ist Geschichte?, Stuttgart 1963.

Christin, Olivier (Hg.): Dictionnaire des concepts nomades en sciences humaines, Paris 2010.

Dinges, Martin: »Historische Anthropologie« und »Gesellschaftsgeschichte«. Mit dem Lebensstilkonzept zu einer »Alltagskulturgeschichte« der frühen Neuzeit?, in: Zeitschrift für Historische Forschung 24 (1997), S. 179–214.

Douglas, Mary: Reinheit und Gefährdung. Eine Studie zu Vorstellungen von Verunreinigung und Tabu, Frankfurt a. M. 1988.

Elias, Norbert: Über den Prozeß der Zivilisation. Soziogenetische und psychogenetische Untersuchungen, 2 Bde., Basel 1939 (1. Auflage).

Elias, Norbert: Über die Zeit. Arbeiten zur Wissenssoziologie II, Frankfurt a. M. 1989.

Elias, Norbert: Über den Prozess der Zivilisation. Soziogenetische und psychogenetische Untersuchungen (Norbert Elias Gesammelte Schriften, Bd. 3), Frankfurt a. M. 1997.

Febvre, Lucien: Le problème de l'incroyance au XVIe siècle. La religion de Rabelais, Paris 1947.

Felsch, Philipp: Der lange Sommer der Theorie. Geschichte einer Revolte 1960–1990, München 2015.

Felsch, Philipp: Für eine Gattungsgeschichte der Theorie, in: Zeitschrift für Kulturwissenschaften 1 (2016), S. 121–124.

Fisch, Jörg: »Zivilisation, Kultur«, in: Geschichtliche Grundbegriffe. Historisches Lexikon der politisch-sozialen Sprache in Deutschland, hg. von Otto Brunner, Werner Conze, Reinhart Koselleck, Bd. 7, Stuttgart 1992, S. 679–774.

Fischer Lexikon Geschichte, hg. von Waldemar Besson, Frankfurt a. M. 1961.

Fischer Lexikon Geschichte, hg. von Richard van Dülmen, Frankfurt a. M. 1990/1997 (5. Auflage).

Fleischer, Wolfgang: Wortbildung der deutschen Gegenwartssprache, Tübingen 1975.

Fleischer, Wolfgang; Irmhild Barz: Wortbildung der deutschen Gegenwartssprache, Tübingen 1995.

Forum: Multiple Temporalities, in: History and Theory 53/4 (2014), S. 498–591.

Fransioli, Mario: Il vicinato di Airolo. Gli ordini del 1788, Airolo 1994.

Fraser, Julius Thomas: The Voices of Time: A Cooperative Survey of Man's Views of Time as Expressed by the Sciences and the Humanities, New York 1966.

Fraser, Julius Thomas: Time and Time Again: Reports from a Boundary of the Universe, Leiden 2007.

Gatterer, Johann Christoph: Abriss der Chronologie, Göttingen 1777.

Geschichtliche Grundbegriffe. Historisches Lexikon der politisch-sozialen Sprache in Deutschland, hg. von Otto Brunner, Werner Conze, Reinhart Koselleck, 8. Bde., Stuttgart 1972–1997.

Gestrich, Andreas; Jens-Uwe Krause; Michael Mitterauer: Geschichte der Familie, Stuttgart 2003.

Gestrich, Andreas: Geschichte der Familie im 19. und 20. Jahrhundert (Enzyklopädie deutscher Geschichte, Bd. 50), München 1999.

Gieryn, Thomas F.: Boundary-Work and the Demarcation of Science from Non-Science: Strains and Interests in Professional Ideologies of Scientists, in: American Sociological Review 48 (1983), S. 781–795.

Ginzburg, Carlo: Spurensicherung, in: derselbe, Spurensicherungen. Über verborgene Geschichte, Kunst und soziales Gedächtnis, München 1988, S. 78–125.

Gleichmann, Peter; Johan Goudsblom; Hermann Korte (Hg.): Materialien zu Norbert Elias' Zivilisationstheorie, Frankfurt a. M. 1982.

Hardtwig, Wolfgang (Hg.): Wege zur Kulturgeschichte (Geschichte und Gesellschaft 23/1), Göttingen 1997.

Hardtwig, Wolfgang; Hans-Ulrich Wehler (Hg.): Kulturgeschichte Heute (Geschichte und Gesellschaft, Sonderheft 16), Göttingen 1996.

Hauch, Gabriella; Monika Mommertz; Claudia Opitz-Belakhal (Hg.): Zeitenschwellen, in: L'Homme. Europäische Zeitschrift für feministische Geschichtswissenschaft 25/2 (2014).

Hobsbawm, Eric: Wieviel Geschichte braucht die Zukunft?, München 1998.

Hölscher, Lucian: Die Entdeckung der Zukunft, Frankfurt a. M. 1999.

Hölscher, Lucian: Von leeren und gefüllten Zeiten. Zum Wandel historischer Zeitkonzepte seit dem 18. Jahrhundert, in: Geschichte und Gesellschaft, Sonderheft 25 (2015a), S. 37–70.

Hölscher, Lucian: Time Gardens. Historical Concepts in Modern Historiography, in: History and Theory 53/4 (2015b), S. 577–591.

Hölscher, Lucian: Die Entdeckung der Zukunft (2. aktualisierte und erweiterte Auflage), Göttingen 2016.

Jussen, Bernhard: Perspektiven der Verwandtschaftsforschung fünfundzwanzig Jahre nach Jack Goodys »Entwicklung von Ehe und Familie in Europa«, in: Karl-Heinz Spiess (Hg.), Die Familie in der Gesellschaft des Mittelalters, Ostfildern 2009, S. 275–324.

Kasten, Hartmut: Wie die Zeit vergeht. Zeitbewusstsein in Alltag und Lebenslauf, Darmstadt 2001.

Kertzer, David I.; Marzio Barbagli (Hg.): The History of the European Family, New Haven 2001–2003.

Kohli, Martin: »Von uns selber schweigen wir.« Wissenschaftsgeschichte aus Lebensgeschichten, in: Wolf Lepenies (Hg.), Geschichte der Soziologie. Studien zur kognitiven, sozialen und historischen Identität einer Disziplin, Frankfurt a. M. 1981, Bd. 1, S. 428–465.

Kohli, Martin: Die Institutionalisierung des Lebenslaufs. Historische Befunde und theoretische Argumente, in: Kölner Zeitschrift für Soziologie und Sozialpsychologie 37 (1985), S. 1–29.

Kohli, Martin: The World We Forgot: A Historical Review of the Life Course, in: Victor W. Marshall (Hg.), Later Life. The Social Psychology of Aging, Beverly Hills CA 1986a, S. 271–303.

Kohli, Martin: Gesellschaftszeit und Lebenszeit. Der Lebenslauf im Strukturwandel der Moderne, in: Johannes Berger (Hg.), Die Moderne – Kontinuitäten und Zäsuren, Göttingen 1986b, S. 183–208.

Kohli, Martin: Der institutionalisierte Lebenslauf: ein Blick zurück und nach vorn, in: Jutta Allmendinger (Hg.), Entstaatlichung und Soziale Sicherheit. Verhandlungen des 31. Kongresses der Deutschen Gesellschaft für Soziologie in Leipzig 2002, Opladen 2003, Teil 1, S. 525–545.

Korte, Hermann: Über Norbert Elias. Das Werden eines Menschenwissenschaftlers, Opladen 1997.

Koselleck, Reinhart: Vergangene Zukunft. Zur Semantik geschichtlicher Zeiten, Frankfurt a. M. 1979.

Koselleck, Reinhart: Fortschritt und Beschleunigung. Zur Utopie der Aufklärung, in: Der Traum der Vernunft. Vom Elend der Aufklärung, hg. von der Berliner Akademie der Künste, Darmstadt 1985, S. 75–103.

Koselleck, Reinhart: Zeitschichten. Studien zur Historik. Mit einem Beitrag von Hans-Georg Gadamer, Frankfurt a. M. 2000.

Kracauer, Siegfried: Ahasver oder das Rätsel der Zeit, in: derselbe, Geschichte. Vor den letzten Dingen (Gesammelte Werke Bd. 4), Frankfurt a. M. 2009, S. 154–180.

Kriedte, Peter; Hans Medick; Jürgen Schlumbohn: Industrialisierung vor der Industrialisierung. Gewerbliche Warenproduktion auf dem Land in der Formationsperiode des Kapitalismus, Göttingen 1977.

Krieken, Robert van: Norbert Elias (Key Sociologists), London, New York 1998.

Kuchenbuch, Ludolf: »Säuisches Wirthschaften« auf dem Land als Problem der Volksaufklärung, in: Jahrbuch für Volkskunde NF 10 (1987), S. 27–42.

Landsteiner, Erich: Epochen, Stufen, Zeiten. Vom historistischen Epochenschema zu Fernand Braudels Dialektik sozialer Abläufe, in: Wiener Zeitschrift zur Geschichte der Neuzeit 1:2 (2001), S. 17–37.

Lanzinger, Margareth: Verwandtenheirat – ein aristokratisches Ehemodell? Debatten um die Goody-Thesen und Dispenspraxis Ende des 18. Jahrhunderts, in: Christine Fertig und Margareth Lanzinger (Hg.), Beziehungen, Vernetzungen, Konflikte. Perspektiven Historischer Verwandtschaftsforschung, Wien 2016, S. 143–166.

Le Goff, Jacques: Faut-il vraiment découper l'histoire en tranches? Paris 2014.

Lehmann, Hartmut (Hg.): Wege zu einer neuen Kulturgeschichte, Göttingen 1995.

Levine, Robert: Eine Landkarte der Zeit. Wie Kulturen mit Zeit umgehen, München 1998.

Maitte, Corine; Didier Terrier: Le travail dans les campagnes françaises du XVIIIe siècle: entre rythmes convenus et temporalités atypiques, in: Sandro Guzzi-Heeb und Pierre Dubuis (Hg.), Organisation et mesure du temps dans les campagnes européennes de l'époque moderne au XXe siècle, Sion 2019, S. 187–211.

Mathieu, Jon: Dialektforschung und moderne Geschichtsschreibung. Erfahrungen, Anregungen, in: Schweizerische Zeitschrift für Geschichte 43 (1993), S. 189–201.

Mathieu, Jon: Die ländliche Gesellschaft, in: Handbuch der Bündner Geschichte, hg. vom Verein für Bündner Kulturforschung, Bd. 2 Frühe Neuzeit, Chur 2000, S. 11–54.

Mathieu, Jon: Synthese und Indiz. Zwei Arten von Kulturgeschichte. Schweizerisches Archiv für Volkskunde 96 (2000), S. 1–13 [in diesem Band Essay 2].

Mathieu, Jon: House, Household, Family. Exploration of Domestic Terminologies in Europe Since the 16th Century, in: Joachim Eibach und Margareth Lanzinger (Hg.), The Routledge History of the Domestic Sphere in Europe, London 2020.

Maynes, Mary Jo; Ann Walter: Temporalities and Periodization in Deep History. Technology, Gender, and Benchmarks of »Human Development«, in: Social Science History 36/1 (2012), S. 59–83.

McDonald, Terrence J. (Hg.): The Historic Turn in the Human Sciences, Ann Arbor 1996.

Meier, Christian; Reinhart Koselleck: »Fortschritt«, in: Geschichtliche Grundbegriffe. Historisches Lexikon der politisch-sozialen Sprache in Deutschland, hg. von Otto Brunner, Werner Conze, Reinhart Koselleck, Bd. 2, 1975, S. 351–423.

Mendels, Franklin F.: Proto-industrialization: The First Phase of the Industrialization Process, in: Journal of Economic History 32 (1972), S. 241–261.

Menell, Stephen: Norbert Elias. Civilization and the Human Self-Image, Oxford 1989.

Merz-Benz, Peter-Ulrich: Richard Hönigswald und Norbert Elias – Von der Geschichtsphilosophie zur Soziologie, in: Ernst Wolfgang Orth und Dariusz Aleksandrowicz (Hg.): Studien zur Philosophie Richard Hönigswalds, Würzburg 1996, S. 180–204.

Messerli, Jakob: Gleichmässig – pünklich – schnell. Zeiteinteilung und Zeitgebrauch in der Schweiz im 19. Jahrhundert, Zürich 1995.

Möckel, Benjamin: »Are we being good ancestors?«: »Zukünftige Generationen« in der politischen Debatte der Gegenwart, in: Geschichte der Gegenwart, online-Magazin, 23. 2. 2020.

Oestreich, Gerhard: Geist und Gestalt des frühmodernen Staates, Berlin 1969.

Oestreich, Gerhard: Strukturprobleme der frühen Neuzeit, Berlin 1980.

Ogle, Vanessa: The Global Transformation of Time 1870–1950, Cambridge MA 2015.

Ogle, Vanessa: Time, Temporality and the History of Capitalism, in: Past and Present 243 (2019), S. 312–327.

Olson, Niklas: History in the Plural. An Introduction to the Work of Reinhart Koselleck, New York 2012.

Osterhammel, Jürgen: Über die Periodisierung der neueren Geschichte, in: Berlin-Brandenburgische Akademie der Wissenschaften, Berichte und Abhandlungen 10 (2006a), S. 45–64.

Osterhammel, Jürgen: Gesellschaftsgeschichte und Historische Soziologie, in: Jürgen Osterhammel; Dieter Langewiesche; Paul Nolte (Hg.), Wege der Gesellschaftsgeschichte (Geschichte und Gesellschaft, Sonderheft 22), Göttingen 2006b, S. 81–102.

Osterhammel, Jürgen: Die Verwandlung der Welt. Eine Geschichte des 19. Jahrhunderts, München 2011.

Patterson, Orlando: Review of *Logics of History. Social Theory and Social Transformation*, by William H. Sewell Jr., in: American Journal of Sociology 112/4 (2007), S. 1287–1290.

Pfister, Ulrich: Reformierte Sittenzucht zwischen kommunaler und territorialer Organisation: Graubünden, 16.–18. Jahrhundert, in: Archiv für Reformationsgeschichte 87 (1996), S. 287–333.

Quilligan, Maureen: When We Found Our Selves, in: The New York Times, 16. 04. 1989.

Raphael, Lutz: Geschichtswissenschaft im Zeitalter der Extreme. Theorien, Methoden, Tendenzen von 1900 bis zur Gegenwart, München 2003.

Rehberg, Karl-Siegbert (Hg.): Norbert Elias und die Menschenwissenschaften. Studien zur Entstehung und Wirkungsgeschichte seines Werkes, Frankfurt a. M. 1996.

Reinhard, Wolfgang: Ausgewählte Abhandlungen, Berlin 1997a.

Reinhard, Wolfgang: Sozialdisziplinierung – Konfessionalisierung – Modernisierung. Ein historiographischer Diskurs, in: Nada Boskovska Leimgruber (Hg.), Die Frühe Neuzeit in der Geschichtswissenschaft. Forschungstendenzen und Forschungsergebnisse, Paderborn 1997b, S. 39–55.

Riley, Dylan: The Historical Logic of *Logis of History*, in: Social Science History 32/4 (2008), S. 555–565.

Ris, Roland: Berndeutsches Wörterbuch (in Vorbereitung).

Rosa, Hartmut: Beschleunigung. Die Veränderung der Zeitstrukturen in der Moderne, Frankfurt a. M. 2005.

Rosa, Harmut: Beschleunigung und Entfremdung. Entwurf einer Kritischen Theorie spätmoderner Zeitlichkeit, Berlin 2013.

Ruggiu, François-Joseph: Histoire de la parenté ou anthropologie historique de la parenté? Autour de Kinship in Europe, in: Annales de démographie historique 1 (2010), S. 223–256.

Ruggles, Steven: The Future of Historical Family Demography, in: Annual Review of Sociology 38 (2012), S. 423–441.

Sabean, David Warren: The History of the Family in Africa and Europe: Some Comparative Perspectives, in: Journal of African History 24 (1983), S. 163–171.

Sabean, David W.: Soziale Distanzierungen. Ritualisierte Gestik in deutscher bürokratischer Prosa der Frühen Neuzeit, in: Historische Anthropologie 4 (1996), S. 216–233.

Sabean, David W.; Simon Teuscher: Kinship in Europe: A New Approach to Long-Term Devolopment, in: David W. Sabean, Simon Teuscher, Jon Mathieu (Hg.), Kinship in Europe: Approaches to Long-Term Development, 1300–1900, New York 2007, S. 1–32.

Sablonier, Roger: Das Dorf im Übergang vom Hoch- zum Spätmittelalter. Untersuchungen zum Wandel ländlicher Gemeinschaftsformen im ostschweizerischen Raum, in: Lutz Fenske, Werner Rösener, Thomas Zotz (Hg.), Institutionen, Kultur und Gesellschaft im Mittelalter, Sigmaringen 1984, S. 727–745.

Schippan, Thea: Lexikologie der deutschen Gegenwartssprache, Tübingen 1992.

Schmidt-Gernig, Alexander: Die Entdeckung der Zukunft von Lucian Hölscher. Rezension, in: H-Soz-Kult, 10.02.2000, online.

Schmidt, Heinrich Richard: Dorf und Religion. Reformierte Sittenzucht in Berner Landgemeinden der Frühen Neuzeit, Stuttgart 1995.

Schmidt, Heinrich Richard: Sozialdisziplinierung? Ein Plädoyer für das Ende des Etatismus in der Konfessionalisierungsforschung, in: Historische Zeitschrift 265 (1997), S. 639–682.

Schmieder, Falko: Zukunft. Zu Lucian Hölscher: Die Entdeckung der Zukunft, Göttingen: Wallstein 2016, in: Ernst Müller (Hg.), Forum Interdisziplinäre Begriffsgeschichte (FIB), E-Journal 8/1 (2019), S. 62–65.

Schulze, Winfried: Gerhard Oestreichs Begriff »Sozialdisziplinierung in der frühen Neuzeit«, in: Zeitschrift für Historische Forschung 14. 1987, S. 265–302.

Schweizerisches Idiotikon. Wörterbuch der schweizerdeutschen Sprache, Frauenfeld seit 1881, bisher 16 Bde.

Schwerhoff, Gerd: Zivilisationsprozess und Geschichtswissenschaft. Nobert Elias' Forschungsparadigma in historischer Sicht, in: Historische Zeitschrift 266 (1998), S. 561–605.

Schwerpunkt: Zeiterfahrung. Beschleunigung und plurale Temporalitäten, in: Traverse. Zeitschrift für Geschichte 23/3 (2016), S. 7–103.

Sewell, William H.: Three Temporalities: Toward a Scociology of the Event, CSST Working Paper 58, 1990 (Typoskript auf https://deepblue.lib.umich.edu/handle/2027.42/51215).

Sewell, William H.: Three Temporalities: Toward an Eventful Scociology, in: Terrence J. McDonald (Hg.), The Historic Turn in the Human Sciences, Ann Arbor 1996, S. 245–280.

Sewell, William H.: Die Theorie des Ereignisses. Überlegungen zur »möglichen Theorie der Geschichte« von Marshall Sahlins, in: Andreas Suter; Manfred Hettling (Hg.), Struktur und Ereignis (Geschichte und Gesellschaft, Sonderheft 19), Göttingen 2001, S. 46–74.

Sewell, William H.: Logics of History. Social Theory and Social Transformation, Chicago 2005.

Sewell, William H.: Response to Steinmetz, Riley, and Pedersen, in: Social Science History 32/4 (2008a), S. 579–593.

Sewell, William H.: The Temporalities of Capitalism, in: Socio-Economic Review 6/April (2008b), S. 517–537.

Sica, Alan: Processual Sociology by Andrew Abbott. Review, in: American Journal of Sociology 123/1 (2017), S. 294–296.

Skocpol, Theda: Social Revolutions in the Modern World, Camridge 1996.

Smith, Daniel Scott: Recent Change and the Periodization of American Family History, in: Journal of Family History 4/20 (1995), S. 329–346.

Spörry, Balz: Studien zur Sozialgeschichte von Literatur und Leser im Zürcher Oberland des 19. Jahrhunderts, Bern 1987.

Steinmetz, George: *Logics of History* as a Framework for an Integrated Social Science, in: Social Science History 32/4 (2008), S. 535–553.

Suter, Andreas: Histoire sociale et événements historiques. Pour une nouvelle approche, in: Annales HSS 52 (1997), S. 543–567.

Suter, Andreas; Manfred Hettling (Hg.): Struktur und Ereignis (Geschichte und Gesellschaft, Sonderheft 19), Göttingen 2001.

Szołtysek, Mikołaj; Siegfried Gruber: Mosaic: Recovering Surviving Census Records and Reconstructing the Familial History of Europe, in: Gunnar Thorvaldsen (Hg.): Three Centuries of Northern Population Censuses, London 2018, S. 38–60.

Tamm, Marek; Laurent Olivier (Hg.): Rethinking Historical Time. New Approaches to Presentism, London 2019.

Tang, Chih-Chieh: Toward a Really Temporalized Theory of Event: A Luhmannian Critique and Reconstruction of Sewell's Logics of History, in: Social Science Information 52/1 (2013), S. 34–61.

Thompson: Edward P.: Time, Work-Discipline, and Industrial Capitalism, in: Past and Present 38 (1967), S. 56–97.

Tilly, Charles; Richard Tilly: Agenda for European Economic History in the 1970s, in: Journal of Economic History 31 (1971), S. 184–198.

Tønnessen, J. W.; A. O. Johnsen. The History of Modern Whaling, Berkeley 1982 (ausführliche norwegische Ausgabe 1959).

Viewpoints: Temporalities, in: Past and Present 243/1 (2019), S. 247–327.

Vogel, Sabine: Sozialdiszipinierung als Forschungsbegriff? in: Frühneuzeit-Info 8 (1997), S. 190–193.

Wallerstein, Immanuel: The Modern World-System I. Capitalist Agriculture and the Origins of the European World-Economy in the Sixteenth Century, New York 1974.

Weber, Matthias: Disziplinierung und Widerstand. Obrigkeit und Bauern in Schlesien 1500–1700, in: Jan Peters (Hg.), Gutsherrschaft als soziales Modell, München 1995, S. 419–438.

Weber, Matthias: Ständische Disziplinierungsbestrebungen durch Polizeiordnungen und Mechanismen ihrer Durchsetzung – Regionalstudie Schlesien, in: Michael Stolleis (Hg.), Policey im Europa der Frühen Neuzeit, Frankfurt a. M. 1996, S. 333–375.

Weber, Max: Wirtschaft und Gesellschaft, Tübingen 1976 (5. Auflage).

Wehler, Hans-Ulrich (Hg.): Theorielandschaft (Geschichte und Gesellschaft 24/2), Göttingen 1998.

Wehler, Hans-Ulrich: Die Herausforderung der Kulturgeschichte, München 1998.

Werner, Jürgen: Zum -ismus, in: Zeitschrift für Phonetik, Sprachwissenschaft und Kommunikationsforschung 33 (1980), S. 488–496.

Wicker, Hans-Rudolf: Flexible Cultures, Hybrid Identities, and Reflexive Capital, in: Anthropological Journal on European Cultures 5 (1996), S. 7–29.

Wicker, Hans-Rudolf: Introduction. Theorizing Ethnicity and Nationalism, in: derselbe (Hg.), Rethinking Nationalism and Ethnicity. The Struggle for Meaning and Order in Europe, Oxford 1997, S. 1–42.

Widmer, Eric D.: Family Configurations: A Structural Approach to Family Diversity, Farnham 2010.

Wilterdink, Nico: Driving in a Dead-End Street: Critical Remarks on Andrew Abbott's Processual Sociology, History and Theory 47 (2018), S. 539–557.

Wirz, Albert: Die Moral auf dem Teller dargestellt an Leben und Werk von Max Bircher-Benner und John Harvey Kellogg, zwei Pionieren der modernen Ernährung in der Tradtion der moralischen Physiologie; mit Hinweisen auf die Grammatik des Essens und die Bedeutung von Birchermues und Cornflakes, Aufstieg und Fall des patriarchalen Fleischhungers und die Verführung der Pflanzenkost, Zürich 1993.

Wittmann, Marc: Gefühlte Zeit. Kleine Psychologie des Zeitempfindens, München 2014.

Wörterbuch zur Geschichte. Begriffe und Fachausdrücke, hg. von Erich Bayer, Stuttgart 1960.

Wörterbuch zur Geschichte. Begriffe und Fachausdrücke, hg. von Erich Bayer und Frank Wende, Stuttgart 1995 (5. Auflage).

Personen- und Sachregister